현직 변호사와 법률사무소 홍보 담당자가 직접 쓴

개업변호사
마케팅 · 홍보 전략

강두원·박지선 지음

개업변호사
마케팅·홍보 전략

초판 인쇄	2025년 6월 13일
저자	강두원, 박지선
발행인	강두원
발행처	케이 스페이스
출판사신고	2025년 2월 27일, 제2025-000062호
주소	서울 강남구 광평로 280, 1439호
대표전화	02-6953-8063
팩스	070-4850-8079
ISBN	979-11-991910-0-6(13320)
정가	17,000원

이 책은 저작권법에 따라 보호받는 저작물이므로 무단전재와 무단복제를 금합니다.

현직 변호사와 법률사무소 홍보 담당자가 직접 쓴

개업변호사
마케팅·홍보 전략

목차

프롤로그   11

I 변호사업의 특성

1. 변호사업의 기본적 특성   16
2. 변호사업에 있어서 마케팅·홍보 전략의 중요성   17
3. 마케팅과 홍보의 관계   20
4. 변호사업과 다른 업종의 특성 비교   22

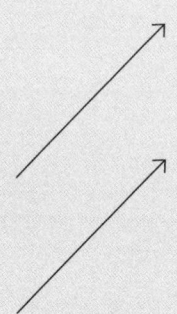

II 변호사업에 있어서 품질과 가격

1. 마케팅·홍보에 앞서서 품질과 가격을 먼저 논의하는 이유   34

2. 가격   36

2.1. 법률서비스에 있어서 가격의 특수성

2.2. 가격에 대한 고객의 반응과 적절한 가격 제시의 중요성

2.3. 자문사건에서의 수임료 제시 방안

2.4. 소송사건에서의 수임료 제시 방안

2.5. 저가 수임의 문제

3. 품질   56

3.1. 품질과 마케팅의 관련성

3.2. 법률서비스에 있어서 품질의 정의와 중요성

3.3. 법률서비스의 품질에 대한 고객의 평가

3.4. 법률서비스의 품질을 결정하는 요소

Ⅲ (총론) 개업변호사의 마케팅·홍보 전략

1. 개업변호사의 수임 유형   66

1.1. 직접 아는 사람이거나 주변 지인의 추천이 있는 경우

1.2. 블로그, 유튜브, 뉴스기사 등 온라인 매체 검색

1.3. 정기 자문계약

1.4. 길 가다가 들어온 경우(이른바 워크인 고객)

1.5. 나의 현황 파악

2. 개업변호사의 마케팅·홍보 전략   83

2.1. 평소에 믿을만한 사람이라는 평판을 구축할 것

2.2. 고객에게 양질의 법률서비스를 제공할 것

2.3. 고객에게 적정 수임료를 제시할 것

2.4. (주변 지인 추천의 측면에서) 나의 법률 업무를 경험한 사람을 최대한 늘려야 함

2.5. (온라인 매체 검색의 측면에서) 자신이 수행했던 업무들을 온라인에서 적극 홍보할 것

2.6. 국가기관 및 공공기관의 고문변호사, 각종 위원회에 적극 지원할 것

2.7. 마케팅·홍보의 효과를 지속적으로 체크할 것

2.8. 보론: 사무실의 위치

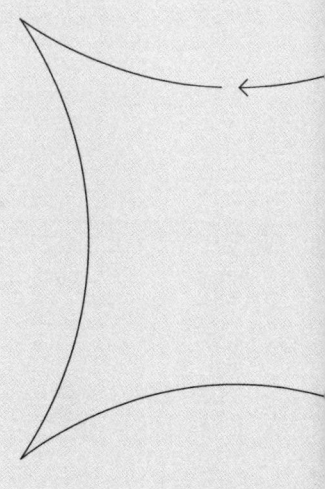

Ⅳ (각론) 구체적인 마케팅·홍보 사례

1. 홈페이지 활용의 문제   105

2. 각종 온라인 플랫폼 활용의 문제   111

3. 외부 강연 및 세미나 발표   116

4. 자체 온라인·오프라인 법률세미나 개최   121

5. 정기자문 계약을 체결하기 위한 방법   127

    5.1. 기업과의 정기자문 계약

    5.2. 공공기관과의 정기자문 계약

에필로그   135

프롤로그

강두원

저는 2012년에 제1회 변호사 시험에 합격한 후, 사내변호사, 로펌변호사를 거쳐서 2021년 2월에 개업하였습니다. 그 때는 교대역 근방에 있는 공유오피스에서 동료 변호사나 직원이 없는 1인 변호사로 업무를 진행하였습니다. 그 이후 2021년 11월에 이 책의 공동저자인 박지선 매니저를 채용하면서 2022년 1월에 수서역 인근의 오피스텔로 사무소를 이전하여 지금까지 같은 자리에서 단독 법률사무소를 운영해 오고 있습니다.

이 책은 제가 1인 변호사로 있을 때, 그리고 박지선 매니저를 채용한 후에, 어떻게 하면 저희 사무소의 법률서비스를 고객들에게 잘 홍보할 수 있을지 고민하면서 시도했던 것들을 담고 있습니다.

그리고 이번에 책을 쓰면서 아직까지 국내에서는 현직 변호사가 경영학적 측면에서 법률서비스의 홍보 또는 마케팅을 전문적으로 분석한 책이 없다는 것을 알게 되었습니다. 그래서 이 책을 쓰면서 부족하나마 국내 및 해외의 법률서비스 홍보 및 마케팅과 관련된 다양한 책과 논문들을 참고하였습니다. 그렇게 국내·외 전문적 문헌을 검토하는 것은 이 책을 작성하는 데 도움이 되었을 뿐만 아니라, 더 나아가 현재 저희 사무소가 마케팅·홍보 측면에서 적절한 방향으로 나아가고 있는지를 점검해보는 데 있어서도 큰 도움이 되었습니다.

이 책의 특징은 다음과 같습니다.

첫째, 이 책은 성공담을 담고 있는 것이 아닙니다. 사실 저희 사무소가 성공담을 말할 만큼의 매출액과 이익을 내고 있다고 보기도 어렵습니다. 다만, 법률서비스의 마케팅 또는 홍보 전략에 대해 어떻게 접근해야 할지 갈피를 잡지 못하고 있는 개업변호사들에게 이러저러한 방법을 생각해 볼 수 있음을 제시하고자 하였습니다.

둘째, 이 책은 개업변호사가 운영하는 단독 법률사무소에 초점을 맞추었습니다. 이 책에서 언급된 방법들이 소규모 법무법인에게도 적용이 가능하겠지만, 변호사 10명 이상의 법무법인에게 적용되기에는 적절하지 않은 부분이 많을 것 같습니다.

셋째, 앞에서도 언급했지만 법률서비스의 홍보 및 마케팅에 대한 이론적 근거를 제시해보려고 노력하였습니다. 저희는 상품·서비스의 홍보 및 마케팅 이론에 대해 잘 알지 못합니다. 그러나 적어도 법률서비스의 홍보 및 마케팅과 관련하여서는, 기존에 출판된 국내·해외의 책, 논문들을 최대한 참고함으로써 단순히 사례를 나열하는 데 그치지 않고 그 이면에 자리잡은 경영학적 또는 통계학적 원리를 제시하고자 노력하였습니다.

날이 갈수록 치열해지는 법률시장에서 자신만의 활로를 개척하기 위해, 독자들은 이 책에 나온 이론이나 방법들을 시험삼아 시도해 볼 수 있을 것입니다. 그러나, 각자의 상황에 맞게 취사선택해야 할 것입니다. 또한, 이 책에 나온 방법들보다 더 나은 방법을 창의적으로 생각하여 시도해 보시기를 바랍니다.

I 변호사업의 특성

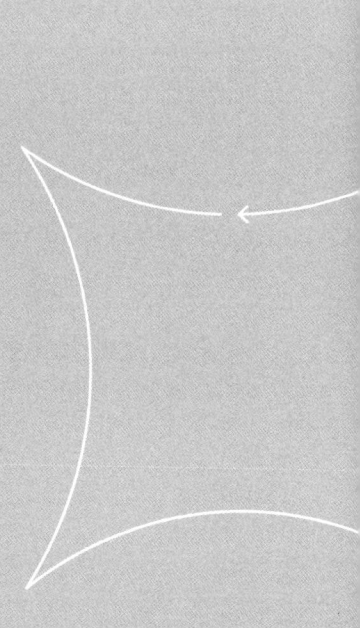

1. 변호사업의 기본적 특성

통계청의 한국표준산업분류(통계청 고시 제2024-2호)에 따르면, 변호사업은 "전문, 과학 및 기술 서비스업"에 포함되어 있으며 (분류코드 71101), "의뢰인을 대리하여 민·형사 및 기타 사건의 소송, 변호, 소원 심사 청구, 이의 신청 등을 수행하는 산업활동"으로 정의되어 있다. 이러한 정의는 변호사업이 ① 전문적인 서비스업이고, ② 의뢰인을 대변(대리)하는 활동이며, ③ 기본적으로 소송 절차를 수행하는 것임을 전제하고 있다.

한편, 일반적으로 변호사의 업무는 소송 업무(송무)와 자문 업무로 나누어진다. 소송 업무는 민사, 형사, 행정 등에 있어서 본안 소송, 가압류, 가처분, 강제집행 등을 진행하는 것이고 여기에는 경찰, 검찰 등 수사기관의 수사에서 피의자를 변호사거나 피해자를 대리하는 업무도 포함된다. 자문 업무는 소송 업무를 제외한 모든 업무라고 할 수 있는데, 계약서·합의서 등의 검토, 법률적 내용의 내용증명우편 작성, 법적 분쟁에 대한 협상 참여 등이 해당된다. 최근 들어서 변호사 업계의 경쟁이 치열해지면서 변호사가 수행하는 자문 업무의 범위가 더욱 넓어지는 추세에 있기도 하다.

2. 변호사업에 있어서 마케팅·홍보 전략의 중요성

　이러한 변호사업에 있어서 마케팅·홍보 전략은 매우 중요하다. 사실 과거에는 변호사업에서 마케팅이나 홍보, 광고와 같은 단어들이 금기시되어온 측면이 있다. 그러나 서양의 경우에는 이미 1970년대, 1980년대부터 소비자의 변호사 선임 과정에 대한 경영학적 연구가 활발히 이루어져왔다.[1]

　미국의 경우에는 1977년에 Bates v. State of Arizona 사건[2]에서 미국 연방대법원이 변호사가 신문, 매거진 등을 통해 광고하는 것을 금지하는 애리조나주 변호사협회의 규정을 원고들(애리조나주 변호사들)에게 적용하는 것은 위헌이라고 판시함으로써 변호사 광고에 대한 규제가 완화되고 그에 대한 연구도 활발해졌다.[3] 우리나라의 경우에는 2000년대 들어서 그러한 경영학적 연구가 최초로 시작되었고, 2006년 12월에 변호사 광고의 규제를 완화하는 변호사법 개정안이 통과됨에 따라 대한변호사협회가 변호사 광고에 대한 규제를 완화하여 변호사 역시 마케팅과 홍보를 잘 해야하는 직업군이라는 시대적 흐름에 부응하게 되었다.[4] 이에 따라 변호사의 광고를 규율하는 '변호사 광고에 관한 규정' 역시 자주 개정되어 왔다.

| 변호사 광고에 관한 규정 제·개정 이력 |

제정	1993. 6. 28.		
개정	1994. 3. 29.	1998. 5. 25.	
전부개정	2001. 7. 9.		
개정	2004. 2. 9.	2004. 11. 29.	2006. 2. 13.
전부개정	2007. 2. 5.		
개정	2009. 9. 14.		
전부개정	2016. 6. 27.		
개정	2016. 12. 30.		
전부개정	2021. 5. 3.		
개정	2022. 10. 11.	2025. 2. 6.	

 또한 최근에는 많은 법무법인들이 홈페이지, 온라인 광고, 블로그, 유튜브 등을 매우 적극적으로 활용하고 있고, 그러한 광고가 매출액 증대로 이어지고 있기도 하다. 따라서 변호사업에 있어서 마케팅, 홍보 및 광고가 중요하다는 점에 대해서는 그 누구도 부인하기 어려운 것이 현실이다.

 변호사에게 마케팅과 홍보를 강조하는 것이 과연 적절한가의 문제는 변호사라는 직업을 상업의 관점에서 바라보는 것이 적절한가라는 근본적인 문제와 관련된 것이다. 변호사법 제1조 제1항은 "변호사는 기본적 인권을 옹호하고 사회정의를 실현함을 사명으로 한다."고 규정하고 있고 이러한 차원에서 대법원은 변호사 및 법무법인은 상법 제5조 제1항에 따른 의제상인에 해당되지 않는다고 판시하기도 하였다(대법원 2023. 7. 27. 선고 2023다227418 판결). 그러나 이 책에서는 그러한 문제를 떠나서, 변호사들이 현실에서 마주하고 있고 또한 피할 수도 없는 마케팅과 홍보의 문제를 기존의 문헌에 대한 이론적 검토, 우리 법률사무소가 실제로 경험했던 사례들과 함께 살펴보고자 한다.

3. 마케팅과 홍보의 관계

기본적으로 마케팅과 홍보는 서로 구분되는 용어이다. 즉, 마케팅과 홍보의 차이점은 다음과 같이 정의될 수 있다.5)

| 마케팅과 홍보의 비교 |

항목	마케팅	홍보
주요 기능	제품의 판매를 증진	기업의 이미지와 평판을 홍보
대상	고객	고객, 대중매체, 투자자 등
성공 기준	매출, 시장점유율	기업의 이미지와 평판이 좋아졌는지 여부

그런데, 변호사업, 특히 개업 변호사의 업무에 있어서 마케팅과 홍보는 크게 구분되기 어렵다. 왜냐하면 개업한 변호사 사무실에서 법률사무소는 변호사와 동일시되는 경우가 많기 때문이다. 즉, 변호사업에 있어서 판매의 대상은 '변호사가 제공하는 법률서비스'이고 변호사업이 고객과의 신뢰관계에 기반한 업종임을 고려할 때, 마케팅에서 초점을 맞추는 "제품"이라는 것이 변호사업에서는 사실상 "변호사" 자체와 동일해지기 마련이다. 따라서 제품

(해당 변호사의 법률서비스)의 판매를 증진시키는 것과(마케팅의 측면) 기업(해당 변호사 사무실 또는 해당 변호사 자체)의 이미지와 평판이 좋아지는 것은(홍보의 측면) 서로 긴밀하게 연결될 수밖에 없다.

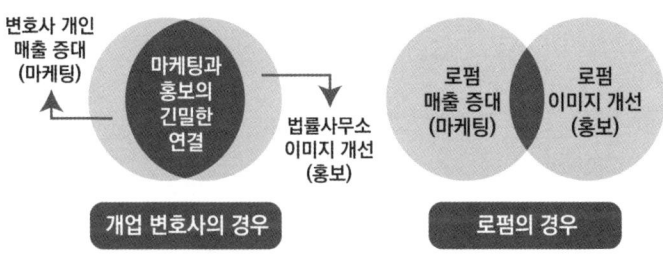

| 변호사업에 대한 마케팅·홍보의 구분 |

이런 의미에서 개업변호사에게 초점을 맞추는 이 책에서는 마케팅과 홍보를 특별히 구분하지 않고 함께 논하고자 한다. 물론 법무법인의 규모가 커질수록 개별 변호사의 이미지나 평판보다 해당 법무법인 자체의 이미지나 평판의 중요성이 더 커질 것이기 때문에 마케팅과 홍보의 구분 필요성 역시 더 커질 것이다.

4. 변호사업과 다른 업종의 특성 비교

변호사업의 마케팅과 홍보를 논하기에 앞서서 먼저 변호사업과 다른 업종간 두드러지는 차이점을 생각해보는 것이 필요하다. 다른 업종이라는 용어가 너무 포괄적이기는 한데, 전통적인 제조업이나 서비스업을 비교 대상으로 삼도록 하겠다. 큰 차이점으로 4가지를 들 수 있다.

| 변호사업과 다른 업종의 특성 비교 |

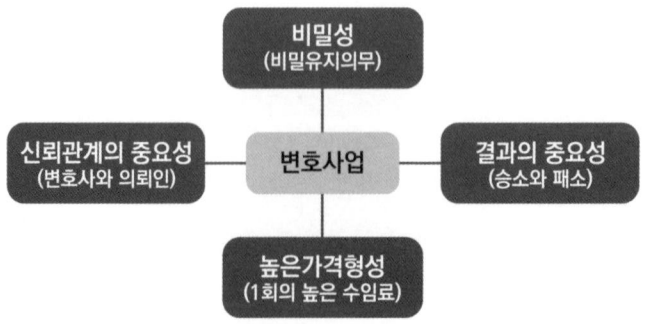

첫번째 차이점은 비밀성이다. 변호사법 제26조는 "변호사 또는 변호사이었던 자는 그 직무상 알게 된 비밀을 누설하여서는 아니 된다. 다만, 법률에 특별한 규정이 있는 경우에는 그러하지 아니하다"고 규정하고 있다. 또한 이를 구체화한 변호사윤리장전 제18조

는 아래와 같이 규정하고 있다.

> 제18조[비밀유지 및 의뢰인의 권익보호]
> ① 변호사는 직무상 알게 된 의뢰인의 비밀을 누설하거나 부당하게 이용하지 아니한다.
> ② 변호사는 직무와 관련하여 의뢰인과 의사교환을 한 내용이나 의뢰인으로부터 제출받은 문서 또는 물건을 외부에 공개하지 아니한다.
> ③ 변호사는 직무를 수행하면서 작성한 서류, 메모, 기타 유사한 자료를 외부에 공개하지 아니한다.
> ④ 제1항 내지 제3항의 경우에 중대한 공익상의 이유가 있거나, 의뢰인의 동의가 있는 경우 또는 변호사 자신의 권리를 방어하기 위하여 필요한 경우에는, 최소한의 범위에서 이를 공개 또는 이용할 수 있다.

위와 같이 변호사는 원칙적으로 고객의 비밀을 공개하지 않을 의무를 부담한다. 따라서 변호사가 자신이 수행했던 업무를 대중에게 구체적으로 공개하는데 있어서 큰 제약이 따른다. 자신의 업무를 공개하고 싶어도 공개할 수 없는 것이다. 이러한 비밀유지의무는 특정한 전문적 업무를 수행하는 직업인에게 요구되는 경우가 많은데, 예를 들어 공인회계사(공인회계사법 제20조), 건축사(건축사법 제20조 제6항), 관세사(관세사법 제14조), 세무사(세무사법 제11조) 등을 들 수 있다.

반대로 고객의 입장에서 보더라도, 변호사에게 맡겼던 법률 업무의 대다수는 해당 고객의 사생활, 영업비밀 등과 관련된 문제인 경우가 많기 때문에 고객이 스스로 블로그 리뷰와 같이 자세하게 후기를 남기는 것도 기대하기 어렵다. 법률서비스의 단점으로 지적되는 변호사와 고객 간의 '정보 비대칭성 문제'[6])는 근본적으로 위와 같은 변호사업의 본질적인 특성에 기인하는 것으로 생각된다. '정보 비대칭성 문제'는 소비자가 변호사가 제공하는 서비스의 품질에 대한 정보를 얻기가 힘든 상황을 의미한다.[7]) 또한, 변호사에 대하여 광고의 방법과 내용에 엄격한 제한이 가해지고 있으므로(변호사법 제23조 제2항, 변호사 광고에 관한 규정 제4조, 제5조, 제7조, 제8조 등 참조) 이러한 점도 정보 비대칭성을 발생시키는 요인이 될 것으로 생각된다. 이러한 제한으로 인해 변호사가 자신의 과거 업무 사례를 홍보하는 데 있어서 의뢰인의 명칭을 표기할 수 없고 의뢰인의 개인정보나 영업비밀이 드러날 수 있는 구체적인 사실관계도 명시할 수 없게 된다. 우리 사무소 역시 이를 준수하는 범위 내에서만 과거 업무 사례를 홍보하고 있다.

| 우리 사무소가 홈페이지에 게시했던 소송 사례 예시 |

지방법원은 OO시의 주장을 배척하고 원고의 주장을 받아들여서, OO시가 수행한 감정평가의 기준시점이 잘못되었고 원고가 OO시로부터 토지 경계결정 통지를 받은 날로부터 60일의 이의신청기간이 지난 시점을 기준으로 감정평가가 이루어져야 했음을 이유로 OO시의 조정금 부과처분은 위법하다고 판단하였습니다. 또한, 법원은 OO시가 수행한 감정평가액이 아닌 본 소송에서 감정인을 통해 수행한 감정평가액을 채택하여 기존의 조정금보다 더 낮은 조정금을 인정하였습니다. 이와 같은 지방법원 판결은 고등법원과 대법원을 거쳐서 그대로 확정되었습니다.

정보비대칭과 관련해서 최근에 공정거래위원회가 대한변호사협회와 서울지방변호사회에 시정명령, 과징금납부명령 등을 한 것에 대한 취소소송에서, 서울고등법원은 "변호사가 제공하는 법률서비스는 서비스의 가격, 변호사의 전문성 및 친절도 등이 변호사마다 다양하고 해당 서비스를 이용해보기 전에는 그 특성을 알기 어려운 특성이 있다. 법률서비스 시장에서는 해당 서비스의 공급자와 소비자 간에 정보비대칭이 발생하기 쉽다. 이러한 정보비대칭 현상은 소비자들의 역선택 문제를 야기할 수 있고, 탐색비용, 비교비용, 협상비용 등 불완전 정보로 인한 거래비용을 높여 거래 자체를 위축시킬 수 있다"고 판시하기도 하였다(서울고등법원 2024. 10. 24. 선고 2023누43763 판결). 이러한 비밀성으로 인해서 변호사가 광고에 담을 수 있는 내용은 크게 제한될 수밖에 없고, 고객으로 하여금 직접 리뷰나 후기를 작성하도록 하는 형태의 홍보 방식도 한계가 있을 수밖에 없다. 따라서 이러한 비밀성에 기인한 한계를 인식하고 전체적인 마케팅·홍보 전략을 수립해야 할 것이다.

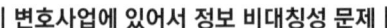

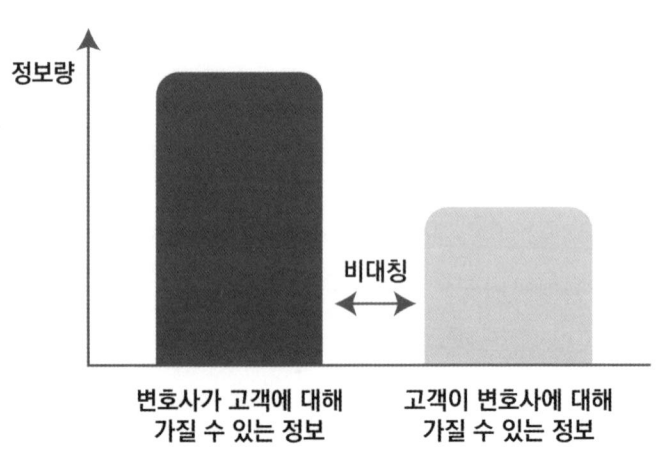

두 번째 차이점은 신뢰관계의 중요성이다. 법률 업무를 위임하고 처리하는 관계의 근간에는 변호사와 의뢰인간의 신뢰관계가 존재한다. 따라서 신뢰관계에 의한 사건 위임이 많게 되며, 변호사 선임에 있어서 해당 변호사가 신뢰할 수 있는 사람인지에 대한 일반적인 평판, 지인의 추천 등이 중요한 역할을 하게 된다. 사실 이러한 신뢰관계의 중요성은 변호사들도 이미 판례를 통해 익히 알고 있는 부분이기도 하다. 대법원은 변호사 선임계약과 같은 위임계약에 대해 "민법상의 위임계약은 그것이 유상계약이든 무상계약이든 당사자 쌍방의 특별한 대인적 신뢰관계를 기초로 하는 위임계약의 본질상 각 당사자는 언제든지 이를 해지할 수 있고"라고 판시하였다(대법원 2000. 6. 9. 선고 98다64202 판결). 즉, 변호사 선임은 "특별한 대인적 신뢰관계를 기초"로 하는 것이다. 그런데 이러한 판례에 언급되는 "신뢰관계"는 현실적인 변호사 마케팅에 있어서도 매우 중요한 요소를 차지하게 된다. 로펌 경영에 관한 전문가로 널리 알려져 있는 독일 여성 변호사 Geertje Tutschka는 변호사 마케팅에서 신뢰가 갖는 중요성을 다음과 같이 그의 책에서 강조하였다.[8]

"성공적인 변호사 마케팅에 있어서 변호사의 선임과 사용은 전적으로 신뢰의 문제라는 점이 고려되어야만 한다. 변호사의 업무는 눈으로 볼 수 없고 유형적이지도 않으며 그 품질이 고객에 의해 통제될 수 있는 경우가 극히 드물기 때문에, 변호사의 자질 및 그 업무에 대한 신뢰는 그러한 중요한 역할을 담당한다."

특히, 개업 변호사에게 있어서 고객의 신뢰는 해당 고객의 주관적인 판단에 의해 결정된다.[9] 다시 말하면, 고객이 10명이라면 그

10명은 저마다 개별적으로 각자가 중요시하는 요소들을 기준으로 해당 변호사의 신뢰성 여부를 서로 다르게 판단하게 되는 것이다. 여기서 개업 변호사에게 중요한 것이 커스터마이즈드(customized)된 신뢰관계이며, 특정 고객별로 고유하고 개별적인 신뢰관계를 형성하는 것이 필요함을 알 수 있다.

| 고객별로 고유하고 개별적인 신뢰관계 형성 |

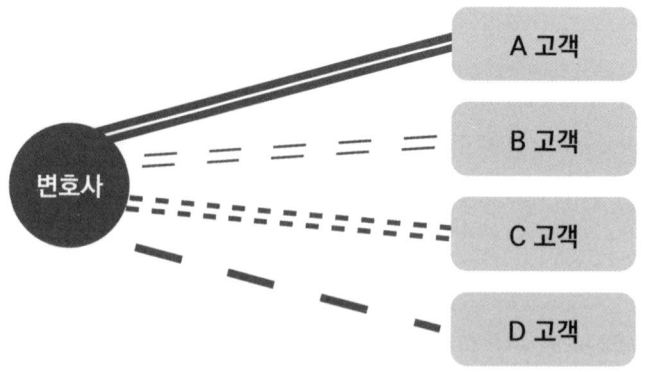

 2004년에 수행된 연구로서 요즘과 같은 인터넷을 통한 선임 추세가 제대로 반영되지 않은 것이기는 하나, 실제로 변호사를 선임한 적이 있었던 소비자들을 대상으로 한 조사에서, 응답자의 90%는 주변 지인의 추천을 통해서 변호사를 선임하였으며, 그 과정에서 변호사 자체의 조건보다는 추천을 해준 지인을 더 고려한다는 것으로 조사되기도 하였다.10) 또한, 2011년에 수행된 연구에서는 응답자의 51.9%가 지인의 추천을 통해서 변호사를 선임했던 것으

로 조사되기도 하였다.11) 2016년에 미국에서 수행된 설문조사에서 로펌의 신규 고객 중 40% 내지 50%가 해당 로펌의 기존 고객의 추천에 의해 확보된 것으로 응답되었다.12) 또한 2009년에 영국에서 수행된 연구에서도 변호사 선임에 있어서 지인 추천이 가장 큰 비율을 차지하는 것으로 조사되었다.13) 이러한 연구 결과는, 고객이 변호사를 선임하는데 있어서 중간에 보증인으로서의 역할을 해줄 지인이 필요하며 그러한 지인의 추천에 기반하여 고객이 해당 변호사를 신뢰하게 된다는 것으로 이해될 수 있다.

세 번째 차이점은 결과의 중요성이다. 변호사의 업무 중 소송의 경우에는 승패가 존재한다. 이는 다른 업종에서는 쉽게 찾기 어려운 변호사업의 독특한 특성이다. 현실 사회에서 개인들이 서로 대결을 함으로써 '승패'가 결정되는 경우로 선거, 스포츠, 도박, 소송 등이 있다. 승패관계가 존재한다는 것은, 이겼을 경우의 보상이 클 수 있지만, 반대로 졌을 경우의 손해도 크다는 것이며, 그렇기 때문에 의뢰인이 소송에서 승리하도록 하기 위한 변호사의 역량이 크게 중요하게 된다.

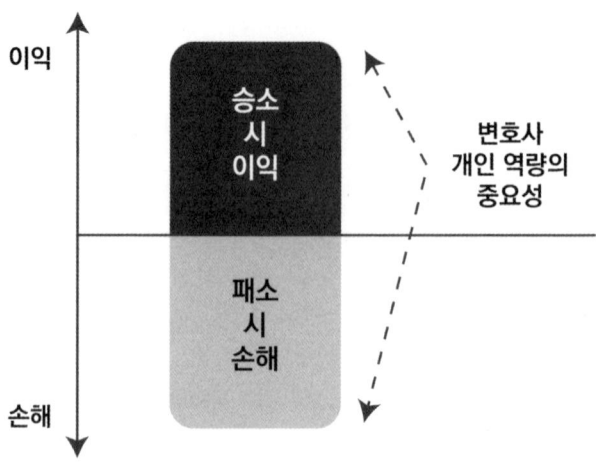

| 소송의 결과에 있어서 변호사 역량의 중요성 |

　의사는 사람의 생물학적 생명을 다루고 변호사는 사회적 생명을 다룬다는 말이 쓰이듯이, 변호사의 소송 수행이 의뢰인의 사회적 생명에 큰 영향을 미치므로 소송의 결과는 중요할 수밖에 없다. 또한 소송이 아닌 자문의 경우에도, 의뢰인에게 적절한 해결책을 제시할 수 있는지 여부에 따라 의뢰인의 경제적 이해관계에 큰 영향을 미칠 수 있으므로 역시 법률자문으로 인한 결과가 중요성을 갖게 된다. 이렇게 법률 업무로 인한 결과가 갖는 중요성은 뒤에서 설명하는 높은 가격이라는 특성에도 영향을 미치게 된다.

　네 번째 차이점은 높은 가격이다. 일반적인 공산품이나 서비스의 경우 1회의 구매행위로 인한 리스크가 크지 않다. 즉, 어떤 제품을 구매했다가 품질 또는 가격에 만족하지 않게 되더라도 그로 인해 개인에게 발생되는 손해가 비교적 크지 않다. 그러나 변호사업의 경우 1회의 구매행위(위임행위)를 위한 가격이 매우 높고, 또한 품질이 만족스럽지 않은 경우에 이는 소송의 경우에는 패소로 이어질 수 있어서 개인에게 발생되는 손해가 클 수 있다. 자문의 경우에도 1회의 구매행위를 위한 가격이 소송보다는 통상적으로 낮으나, 여전히 일반적인 공산품이나 서비스와 비교할 때 훨씬 가격이 비싸다. 결국 고객은 일반적인 공산품이나 서비스를 구매하는 경우와 달리 변호사에게 소송이나 자문을 위임하는데 있어서 매우 신중할 수밖에 없게 된다.

| 1회 구매행위에 따른 가격과 잘못 선택 시 리스크 |

위와 같은 변호사업의 특수성에 기초하여, 다음장에서는 변호사업의 마케팅·홍보에 있어서 가장 중요한 구성요소라고 할 수 있는 품질과 가격에 대해서 상세히 살펴보겠다.

II 변호사업에 있어서 품질과 가격

1. 마케팅·홍보에 앞서서 품질과 가격을 먼저 논의하는 이유

　전통적인 마케팅 전략에 있어서 이른바 7P가 많이 언급되는데, 이는 제품(product), 가격(pricing), 장소(place), 프로모션(promotion), 과정(process), 물리적 근거(physical evidence), 사람(people)이고 이는 변호사업에도 적용될 수 있다.14) 2011년에 수행된 연구에 따르면 변호사를 선임한 경험이 있는 소비자들이 가장 중요시하는 요소는 변호사의 전문분야, 변호사의 과거 승소경력, 서비스의 품질, 서비스 수임료인 것으로 조사되었다.15) 전문분야와 과거 승소경력은 그 변호사의 실력을 기반으로 하는 것이므로, 결국 고객들이 변호사 선임에 있어서 가장 중요시하는 것은 품질과 가격인 것이다.

| 소비자가 변호사의 선택에 있어서 중요시 여기는 요소 |

구분			
비교한 변호사 수		변호사 선택의 결정적 정보 속성	
명수	빈도(%)	항목	빈도(%)
비교하지 않았음	146 (60.1%)	변호사 전문분야	64(26.3%)
		변호사의 과거 승소경력	62(25.5%)
2명	37 (15.2%)	서비스의 품질	36(14.8%)
		서비스 수임료	33(13.6%)
3명	42(17.3%)	변호사의 윤리성	18(7.4%)
		서비스의 즉시성	17(7.0%)
4명	8(3.3%)	전관출신 여부	6(2.5%)
		사무실 위치	4(1.6%)
5명 이상~	10(4.1%)	변호사 업무시간의 편리성	2(0.8%)
		변호사 출신학교	1(0.4%)
		변호사 근무 년 수	0(0%)
합계	243(100%)	합계	243(100%)

출처: 신수현, 『변호사 선택과정에서의 소비자정보에 관한 연구』, 서울대학교 석사학위 논문, 2011, p. 87.

다음에서는 품질과 가격 중 변호사들에게 더 친근한 요소인 가격부터 먼저 살펴본 후 이어서 품질에 대해서 살펴보겠다.

2. 가격

2.1. 법률서비스에 있어서 가격의 특수성

변호사업에 있어서 가격이란 법률서비스에 대해 고객이 지급하는 수임료를 의미한다. 변호사 업무에 대한 수임료는 소송의 경우에는 일반적으로 착수금과 성공보수로 구성되고{참고로 형사사건에서 피의자, 피고인을 변호하는 경우에 성공보수 약정은 무효화되었다(대법원 2015. 7. 23. 선고 2015다200111 전원합의체 판결)}, 자문의 경우에는 일시금을 지급하거나 또는 투입 시간에 비례하여 자문료를 지급하는 이른바 타임차지16) 방식이 사용되는 것이 일반적이다. 이러한 법률서비스의 가격에 있어서 다음과 같은 4가지의 특수성이 존재한다.

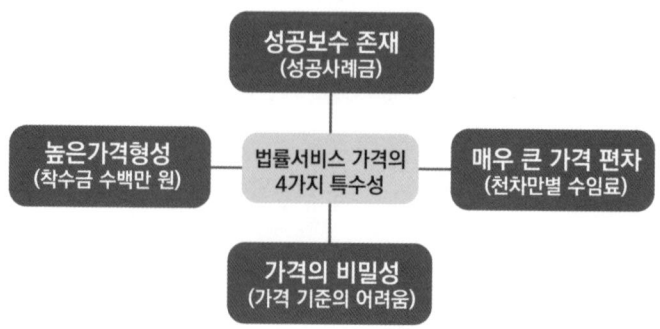

첫째, 성공보수라는 개념이 존재한다. 변호사법 제110조 제2호에서는 "성공사례금"이라는 용어가 사용되기도 하는데, 이는 착수금과는 별개로 고객이 목표로 하는 결과를 도출했을 때 지급되는 성공조건부 수임료이다. 이러한 성공보수 조건은 일반적인 제품 또는 서비스 판매 계약에서는 보기 어려운 것이다. 이를 고객 입장에서 본다면, 가격을 2번 지불한다고 받아들여질 여지도 있음을 주의할 필요가 있다.

둘째, 앞서 언급하였듯이 법률서비스의 가격은 다른 서비스의 그것과 비교해서 매우 높은 편이다. 특히, 특정 소송을 수행하는 경우에는 착수금만 하더라도 수백만 원에서 수억 원이 소요되는 경우가 있으므로 서비스 업종에서는 가격이 매우 높은 편이라고 볼 수 있다. 이를 고객 입장에서 본다면, 변호사를 선택할 때 신중할 수밖에 없다는 것이 된다.

셋째, 변호사의 법률서비스에 있어서 매우 큰 가격 편차가 존재한다. 즉, 외관상 동일한 서비스(예를 들어 고객 A가 의뢰하는 민사소송의 수행)에 대한 서비스 제공 주체별 가격 편차가 매우 클 수 있는 것이다. 주택 임대차보증금 관련 소송, 이혼 소송 등의 경우처럼 어느 정도 정형화된 소송의 경우에는 변호사 업계에서도 평균적인 '시장 가격'이라는 것이 대체적으로 형성되어 있지만, 그 외에 다양한 법률 업무에 대해서 법률사무소 또는 법무법인 별로 제시하는 수임료가 천차만별인 것이 사실이다. 그러한 가격 편차는 변호사의 전문성, 경력, 경험, 법률사무소 또는 법무법인의 규모 등에 의해 발생된다. 따라서 고객으로서는 법률 업무를 위임하기 위해 여러 군데를 알아보면서 수임료의 편차가 큰 것에 대해 주의를 기울이게 되는 것이다.

넷째, 가격의 비밀성이다. 법률사무소나 법무법인은 소송이나 자문의 수임료 기준을 공개하지 않는 경우가 많다. 최근에는 수임료를 구체적으로 공개하는 곳도 많아지고 있으나, 아직까지 그것이 일반화되었다고 보기는 어렵다. 이러한 특성은 다른 제품이나 서비스와는 크게 다른 점이다. 물론 법률사무소나 법무법인이 수임료 기준을 공개하지 않는 이유는 법률 문제라는 것이 매우 다양하기 때문에 일률적인 수임료 기준을 제시하는 것이 어렵기 때문일 것이다. 그러나, 이를 고객의 입장에서 생각해 본다면, 정보가 불투명하게 되고 소위 '바가지를 쓸' 염려가 없을지 주의하게 만드는 요소가 된다.

2.2. 가격에 대한 고객의 반응과 적절한 가격 제시의 중요성

앞서 언급한 법률서비스 가격의 특수성으로 인해서 고객은 변호사를 선임하기 전에 혹시 바가지를 쓰지는 않을지 염려하게 될 가능성이 높다.

또한, 변호사를 선임하고 법률서비스가 완료된 후에 고객이 지급한 수임료와 결과적으로 확인되는 품질을 비교하면서 고객은 만족감을 얻을 수도 있고 아니면 불만을 느낄 수도 있다. 우리가 일상 생활에서 어떤 제품이나 서비스를 구매한 후 '속았다'고 느끼며 후회하는 경우는, 가격 대비 품질이 만족스럽지 못한 경우가 대부분일 것이다. 이와 마찬가지로 법률서비스에 있어서도 수임료와 품질의 일치 여부는 고객의 재구매의사 또는 주변 추천의사에 결정적인 영향을 미치게 될 것이다. 법률서비스에 있어서 '재구매 의사'란 고객이 나중에 법률 문제가 발생했을 때 과거에 선임했던 변호사를 다시 선임하려는 의사를 말하고, '주변 추천 의사'란 고객이 주변 사람들에게 자신이 과거에 선임했던 변호사를 추천하려는 의사를 말한다. 법률서비스의 가격과 품질에 대한 고객의 반응을 유형화해보면 다음과 같다.

| 법률서비스의 가격과 품질에 대한 고객의 반응 |

고객이 지급한 가격	고객이 예상했던 품질	실제 고객이 체감한 품질	고객의 재구매 또는 추천 의사
상	상	상	상
		중	중 또는 하
		하	**최하**
중	상 또는 중	상	상 또는 **최상**
		중	중
		하	하 또는 **최하**
하	중 또는 하	상	상 또는 **최상**
		중	상 또는 중
		하	**하** 또는 **최하**

우선, 고객은 당연히 자신이 지급한 가격과 비슷하거나 더 높은 정도의 품질을 예상할 것이다. '중'의 가격을 지급하면서 '하'의 품질을 기대하는 경우는 상상하기 어렵다. 위 표에서 가장 좋은 경우는 고객의 재구매 또는 추천 의사가 '상' 또는 '최상'이 되도록 하는 경우이다. '최상'의 경우는 고객이 실제로 지급한 수임료보다 더 높은 수준의 법률서비스를 제공받았다고 느낄 때 발생될 수 있을 것이다. 그러나 그것이 현실적으로 쉽지 않으므로 적어도 '하'가 발생되지는 않도록 해야 할 것이다. 고객이 재구매 또는 추천 의사를 전혀 갖지 않게 되고 오히려 해당 변호사에 대해 비판이나 험담을 할 수도 있는 '하' 또는 '최하'의 상황은 고객이 지급한 수

임료에 훨씬 미치지 못하는 품질의 법률서비스가 제공된 경우에 발생되는 것으로 추정해 볼 수 있다.

위 표에 기재된 유형에서 더 결정적인 영향을 미치는 것은 품질이겠지만, 그에 앞서서 가격이 미치는 영향도 적지 않을 것이다. 즉, 실제 지급했던 수임료의 수준보다 더 낮은 품질의 법률서비스를 제공받았다고 느낄 때 고객의 재구매 또는 추천 의사가 '하' 또는 '최하'가 될 가능성이 높다. 또한, 변호사의 입장에서 보더라도, 우선은 수임을 하기 위해 평균적인 시장가격보다 더 낮은 수임료('하')로 위임계약을 체결한 경우에, 여러 가지 이유로 그 수임료에 맞는 정도의 시간만 투입하는 경우를 생각해볼 수 있다. 그 경우에 결과가 좋으면 다행이지만 그렇지 못한 경우에 고객의 재구매 또는 추천 의사가 '하' 또는 심지어 '최하'가 될 수 있다.

고객이 '바가지를 썼다'고 느끼지 않도록 해야하는 이유는, 그 사건 자체에서 고객이 가격 대비 만족스러운 법률서비스를 받도록 하기 위한 것도 있으나, 나아가 변호사에 대한 평판이 악화되는 것을 방지하기 위한 것도 있다. 즉, 그 고객이 바가지를 썼다고 느끼게 되면 이를 주변 사람들에게 얘기할 수도 있고 그렇게 되면 해당 변호사 본인은 졸지에 '바가지를 씌운 변호사'가 되어 버리고 마는 것이다. 앞서 언급했듯이, 변호사업에 있어서 신뢰관계 및 평판이 매우 중요하므로, 변호사의 사회적 평판이 악화되는 것을 방지하기 위해서는 적절한 가격을 제시하고 그에 맞는 품질을 제공하는 노력이 필요하다.

따라서 변호사 마케팅의 측면에서 봤을 때 변호사가 적절한 가격을 제시하는 것은 장기적인 관점에서 고객의 신뢰를 확보하여 재구매 또는 추천 의사를 높이는 데 매우 중요하다고 할 수 있다.

2.3. 자문사건에서의 수임료 제시 방안

적절한 가격은 가격 대비 품질이 일치하는 경우라고 볼 수 있다. 따라서 내가 제시하는 수임료가 품질, 즉 내가 제공할 수 있는 법률 서비스를 기준으로 적정한 수준에 있는지를 고민해 볼 필요가 있다.

이를 위해서는 먼저 자신의 1시간당 수임료를 정한 후, 이를 기초로 가격을 제시하는 것을 고려해 볼 수 있다. 즉, 어떤 자문사건에 대해서 고객에게 자문료를 제시할 때, 나의 1시간당 수임료를 기준으로, 그 사건을 수행하는 데 소요될 것으로 예상되는 시간을 곱해서 산출된 가격을 제시하는 것이 적절할 수 있다. 물론, 개별 사건별로 소요 시간을 예상하기 어려운 경우도 있을 수 있으나, 최선을 다해 예상을 한 후 여기에 1시간당 수임료를 곱하여 고객에게 수임료를 제시하면, 적어도 나중에 소위 '바가지 썼다'는 비난을 듣는 일은 없게 될 것이다(물론 이는 수임료에 부합하는 정도의 법률서비스가 실제로 제공됨을 전제하는 것이다). 만약 도저히 예상 시간을 산정할 수 없는 경우에는 차라리 타임차지의 방식으로 제안하는 것을 고려해 볼 수도 있다. 타임차지 방식은 향후에 고객이 수임료를 얼마나 지급하게 될지 예상하기 어렵다는 점에서 부담스러운 가격 조건임이 분명하지만, 대신 수임료의 상한을 두어서(이른바 '캡을 씌워서') 고객의 불안감을 낮추는 방법도 생각해 볼 수 있다.

| 자문사건에 있어서 수임료 제시의 예시 |

〈사례 1〉 투입될 업무시간을 예상할 수 있는 경우
1시간당 단가: A원
예상되는 업무시간: B시간
제안하는 수임료: C원 (= A원 X B시간)

〈사례 2〉 투입될 업무시간을 예상하기 어려운 경우
1시간당 단가: A원
제안하는 수임료 조건: A원 X 향후 투입될 시간(단, D원을 수임료의 상한으로 한다)

2.4. 소송사건에서의 수임료 제시 방안

위와 같은 수임료 제안 방법은 비단 자문 사건에 대해서만 적용될 수 있는 것은 아니고 소송사건에서도 적용될 수 있다. 물론, 소송사건에서는 재판이 몇 회 진행될지, 준비서면 작성에 얼마의 시간이 소요될지, 관련 판결 검색에 얼마의 시간이 소요될지, 증인은 몇 명이 나올지, 감정이 필요할지 등 예상 소요 시간에 영향을 미칠 변수들이 매우 많다. 그러나 그럼에도 불구하고 고객이 사전에 제공해주는 자료들을 최대한 고려하여 예상되는 투입 시간을 산정해보는 것이 필요하다.

| 민사, 행정소송사건에서 예상 업무시간 산정의 예시 |

사건: 00을 청구원인으로 하는 민사소송
고객: 원고
1시간당 단가: A원
예상되는 재판 횟수: 4회
재판 참석시 예상 왕복시간: 2시간
예상되는 소장·준비서면 제출 횟수: 5회
소장·준비서면 1건별 예상 작성시간: 4시간
회의, 현장 확인 등에 소요되는 시간: 4시간
예상 증인 숫자: 2명(증인 1명당 증인신문 1시간)
감정 여부: X

총 예상 업무시간: 34시간
- 소장·준비서면 작성시간: 20시간(= 4시간 X 5회)
- 재판 참석시간: 10시간(= 2시간 X 재판 4회 + 증인신문 2시간)
- 회의, 현장 확인 등 시간: 4시간

위와 같이 산정된 예상 시간에 나의 시간당 단가 A원을 곱하면 예상되는 수임료가 산출된다. 자문사건에 비해 소송사건에서는 예상했던 업무 소요시간과 실제 소요된 업무시간 간에 편차가 발생될 가능성이 높지만 어찌됐든 적절한 수임료를 제시하기 위한 불가피한 과정이라고 생각된다.

그런데, 민사사건이나 행정사건의 경우 수임료가 착수금과 성공보수로 구성되므로, 위와 같이 산정된 수임료를 착수금과 성공보수로 적절히 배분하는 것이 필요하다. 시간당 단가 A원에 34시간을 곱한 금액(이렇게 산정된 금액을 'E원'이라고 표시하겠다)을 착수금으로 하여 제시하는 것은 다소 무리가 될 수 있다. 그렇게 되면 이미 착수금으로 적절한 가격을 받은 것이므로 승소를 하여 성공보수를 추가로 지급받게 되면 고객의 입장에서는 성공보수 전체가 과도한 금액에 해당될 여지가 생기는 것이다. 사건의 유형별로 다양한 구조가 있을 수 있으나, 대략적으로 E원의 50% 내외를 착수금에 배분하고 나머지 50% 내외를 성공보수에 배분하는 방법을 생각해 볼 수 있다(하지만 사건의 유형에 따라서는 착수금의 비율을 대폭 낮추고 성공보수의 비율을 높이는 경우도 있을 수 있다).

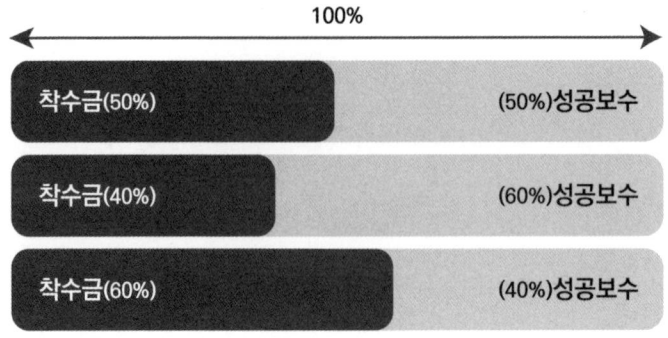

이를 위해서는 예상되는 성공보수를 산정하는 것이 필요하다. 성공보수 조건은 청구금액과 사건 유형에 따라 크게 다를 것이나 일단 승소 금액의 7.7%로 가정해보겠다(만약 민사소송에서 금전청구가 아닌 경우, 그리고 행정소송의 경우에는 청구금액이 존재하지 않으므로 일정한 금액을 성공보수로 정하게 될 것이다). 만약 청구금액이 1억원인 경우에 성공보수의 최대 금액은 770만원이 된다. 그러나 이러한 성공보수의 최대 금액이 실제로 변호사가 받을 것으로 예상되는 성공보수가 될 수는 없다. 예상되는 성공보수는 여기에 승소 가능성을 곱한 수치가 된다. 예를 들어 내가 생각하기에 전부 승소할 가능성이 60%라면 예상되는 성공보수는 770만원의 60%인 462만원이 되는 것이다. 만약 앞서 가정한 E원을 1000만원이라고 가정한다면, 여기서 예상되는 성공보수 462만원을 공제하고 남은 금액은 538만원이 되므로, 이 538만원이 착수금의 기준이 될 수 있다. 또한, 앞서 "대략적으로 E원의 50% 내외를 착수금에 배분"하는 것을 언급하였는데, 538만원은 1000만원의 53.8%이므로 위 범위에 해당된다.

다만, 좀 더 공격적인 수임을 위해 착수금을 330만원으로 제시할 수도 있는데, 이 경우 예상 총 보수 868원(= 착수금 330만원 + 예상 성공보수 538만원)은 나에게 적절한 총 수임료(E원, 시간당 단가 X 예상 투입시간. 앞서 1000만원으로 가정하였다)보다 작게 되므로, 이 경우에는 성공보수 퍼센트율을 높여서 총 예상 수임료가 1000만원에 근접하도록 하는 것이 필요하다. 예를 들어, 성공보수율을 7.7%가 아닌 11%로 높이면 총 예상 수임료는 990만원(= 착수금 330만원 + 예상 성공보수 660만원. 예상 성공보수 660만원 = 1000만원 X 11% X 성공확률 60%)이 된다.

이러한 수임료 제시 방안을 요약해서 나타내면 다음과 같다.

| 민사사건에서 적정 수임료 산정 예시 |

사건: 00을 청구원인으로 하는 민사소송
고객: 원고
청구금액: 1억원
1시간당 단가: A원
총 예상 업무시간: 34시간
타임차지 방식으로 계산시 총 수임료: E원 (= A원 X 34시간)
고려하는 성공보수 조건: 승소금액의 7.7%
예상되는 승소 가능성: 60%
예상되는 성공보수: 462만원 (= 1억원 X 7.7% X 60%)
제시 가능한 착수금: (E원 - 462만원)을 기준으로 ± 30%

주의사항
- 착수금과 예상 성공보수의 합계가 E원을 상당 부분 초과하지 않도록 적절히 조정해야 함.
- 착수금을 낮추는 경우에는 성공보수율을 높일 수 있음.

위와 같은 적정 수임료 산정 방안은 형사사건에는 그대로 적용되기 어렵다. 우선, 형사 피의자 사건과 피고인 사건에서는 성공보수 약정을 체결할 수 없는 점이 고려되어야 한다. 또한, 형사 피의자 사건의 경우에 수사기간이 얼마나 될지, 조사 입회를 몇 회를 해야 할지 등을 예상하기 어려운 경우가 많고, 형사 피고인 사건의 경우에도 무죄 주장 여부, 증인 숫자 등에 따라 재판 횟수가 크게 달라지고 증거기록의 양에 따라 투입 시간도 크게 달라진다. 따라서 형사사건의 경우 기본적인 착수금을 정하면서 수사사건의 경우에는 조사 입회 1회당 00원, 소송사건의 경우에는 재판 1회당 00원의 추가 수임료를 제시하는 방법도 고려해 볼 수 있다. 형사사건의 경우 적정 수임료 산정이 쉽지 않지만 그럼에도 불구하고 형사사건에서도 적절한 수임료를 산정하여 제시하는 노력은 반드시 필요하다.

| 형사소송사건에서 예상 업무시간 산정의 예시 |

사건: 00죄에 대한 형사소송
고객: 피고인
1시간당 단가: A원
예상되는 재판 횟수: 4회
재판 참석시 예상 왕복시간: 2시간
예상되는 변호인의견서 제출 횟수: 5회
증거기록 검토에 소요되는 예상시간: 10시간
변호인의견서 1건별 예상 작성시간: 4시간
회의, 현장 확인 등에 소요되는 시간: 4시간
예상 증인 숫자: 4명(증인 1명당 증인신문 1시간)
감정 여부: X

총 예상 업무시간: 44시간
- 증거기록 검토시간: 10시간
- 변호인의견서 작성시간: 20시간(= 4시간 X 5회)
- 재판 참석시간: 10시간(= 2시간 X 재판 4회 + 증인신문 4시간)
- 회의, 현장 확인 등 시간: 4시간

| 형사사건에서 적정 수임료 산정 방안 |

〈사례 1〉 착수금만 제안하는 경우
1시간당 단가: A원
예상되는 업무시간: 44시간
제안하는 수임료: C원 (= A원 X 44시간)

〈사례 2〉 착수금 및 출장비를 제안하는 경우
1시간당 단가: A원
예상되는 업무시간: 44시간
제안하는 착수금: D원 {= (A원 X 44시간) X 50% 내지 70%}
추가 수임료: 재판 1회 참석시마다 00원

2.5. 저가 수임의 문제

저가 수임이란, 객관적으로 '저가'의 범위를 수치화하기는 어려우나, 특정 사건에 있어서 법률시장의 평균적인 시장가격보다 다소 낮은 수임료로 수임을 하는 경우를 말한다. 또한, 이렇게 평균적인 시장가격을 기준으로 하지 않고 변호사 개인의 주관적인 판단에 따라 저가 수임 여부가 결정될 수도 있다. 만약 특정 변호사가 스스로의 시간당 단가를 1시간당 A원으로 정한 경우에, 그보다 대략 30% 이상 낮은 정도로 수임계약을 체결한 경우에는 주관적인 관점에서의 저가 수임이라고 볼 수 있다. 이러한 저가 수임이 변호사 업계의 치열한 경쟁에 따른 것이기는 하나, 그로 인한 수익 하락, 법률서비스 품질 저하 등의 우려가 존재하기도 한다.17) 저가 수임이 변호사 업계 전반에 악영향을 미치는 것은 사실이나, 개업 변호사의 입장에서는 저가 수임을 마케팅의 차원에서 살펴볼 필요가 있다.

저가 수임은 의도적인 저가 수임과 의도하지 않은 저가 수임으로 나누어질 수 있다. 의도적인 저가 수임은 ① 수임을 위해 공격적으로 낮은 수임료를 제안하는 경우, ② 공익활동의 일환으로 낮은 수임료를 제안하는 경우 등을 생각해 볼 수 있다. 의도하지 않은 저가 수임은 ① 수임계약 체결 당시에는 적절한 수임료로 생각되었으나 실제로 사건을 수행하면서 당초에 예상했던 것보다 더 많은 시간이 소요된 경우, ② 예상보다 더 많은 시간이 소요되지는 않았으나 애초에 수임계약 체결 시 변호사가 의도하지 않았으나 의뢰인에게 유리한 조건으로 계약이 체결된 경우를 들 수 있다.

| 저가 수임의 유형 |

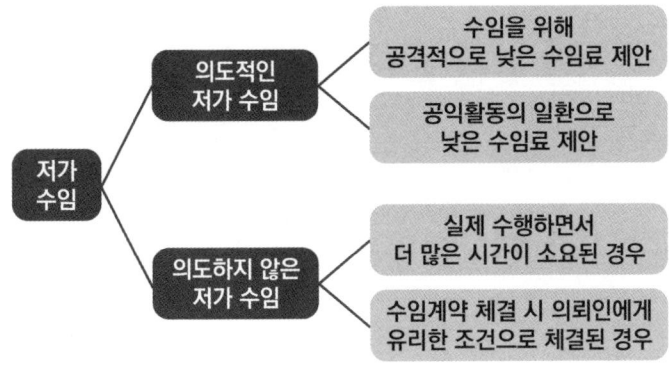

의도적인 저가 수임과 관련하여 최초 개업시에는 단기간 동안의 의도적인 저가 수임이 어느 정도 필요할 수 있다. 앞서 언급하였듯이, 고객의 변호사 선택에 있어서 가장 많이 사용되는 방법은 주변 지인의 추천에 의한 것이다. 그렇다면 개업 초기에는 내가 수행한 업무를 경험한 사람이 많아지도록 적극적으로 노력할 필요가 있는 것이다. 이는 어떤 음식점이 개업한 초기에 한 두 달 정도는 10% 내지 20% 할인을 해주면서 고객들로 하여금 음식 맛을 경험해보도록 하는 것과 유사한 것이라고 볼 수 있다. 내가 수행하는 업무를 경험한 후 만족했던 사람은 주변 사람들에게 나를 추천할 수 있게 되는 것이다. 그러나 의도적인 저가 수임 후 고객이 만족을 하지 못하게 되는 경우에는 오히려 나의 시간만 많이 투입되고 재구매 및 추천 의사도 확보하지 못하게 되어 최악의 상황이 될 수 있음에 유의할 필요가 있다. 개업변호사의 경우 저가 수임 전략을 택하는 경우에 어느 정도의 기간 동안 저가 수임을 해야 하는지가 문제될 수 있는데, 사무실 사정에 따라 천차만별이겠지만 몇 개월 정도는 해보는 것을 고려해 볼 수 있다. 사무실의 사정이 어느 정도 안정을 찾은 후에는 저가 수임을 지양해야 할 것이다(그러나 어떤 분야에 새롭게 뛰어들고자 하는 경우에는 다시 저가 수임 전략을 쓸 필요도 있다). 이는 이어서 설명하는 저가 수임과 품질 저하의 관계 때문이다.

의도하지 않은 저가 수임의 경우, 이것이 개업변호사에게 미치는 영향은 상당히 크다. 변호사가 특정 사건을 수행하다가 점점 시간이 많이 투입되는 것을 보면서 스스로 저가로 수임했다고 느끼게 되면, 사건 수행에 있어서 노력을 덜 기울이고 싶은 유혹을 받게 된다. 변호사의 저가 수임이 법률서비스 품질에 미치는 영향에 대한 국내 연구는 존재하지 않는 것으로 보이나, 회계사에 대한 국내 연구는 존재한다. 2020년에 수행된 연구에 따르면, 회계사의 회계감사에 대한 보수가 감소할수록 회계감사의 품질이 감소하게 되는데, 이 때 평균적인 시장가격보다 더 낮은 감사 보수를 받는 (즉, 이른바 저가 수임을 한) 회계사의 감사 품질은 더욱 급격하게 감소되는 것으로 나타났다.[18] 이를 다시 말하면, 평균적으로 시장가격보다 높은 보수를 받는 회계사가 A%만큼 낮은 보수를 받게 되면 감사 품질이 B%만큼 하락하게 되는데, 평균적으로 시장가격보다 낮은 보수를 받는 회계사가 A%만큼 낮은 보수를 받게 되면 감사품질의 하락 정도는 B%가 아니라 이를 초과하는(B + a)%가 된다는 것이다. 이를 법률서비스에 적용하여 보면, 저가 수임을 한 경우에는 법률서비스 품질이 하락하는 결과로 이어질 수 있고 특히 객관적인 측면에서 평균적인 시장가격보다 더 낮은 정도로 저가 수임을 한 경우에 품질 하락의 정도가 더욱 커질 수 있다는 것이 된다.

| 저가 수임의 경우 품질 하락의 정도 |

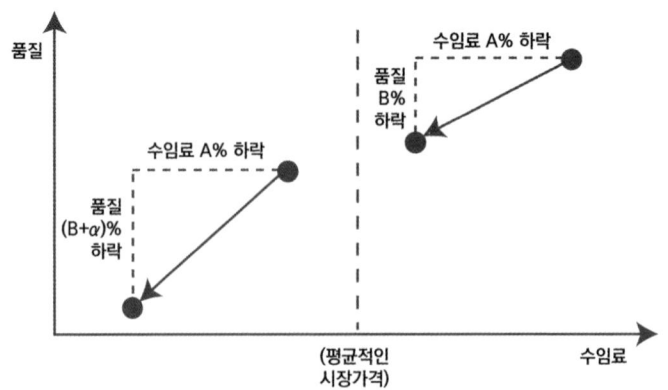

　의도하지 않은 저가 수임을 하게 된 경우, 변호사가 고민하게 되는 선택지는 ① 그래도 최선을 다해서 수행하는 방안, ② 적당히 수행하고 점차 투입 시간을 줄이는 방안, ③ 투입시간을 최소화하는 방안, ④ 사건 수행을 포기하고 수임료를 반환하는 방안 정도가 있다. 그런데 여기서 추가로 고민해야 할 부분은 바로 위에서 ② 내지 ④를 택함으로써 고객의 만족 정도가 하락하는 경우 이것이 재구매 및 추천 의사의 하락을 가져올 수 있다는 점이다. 즉, 나는 ② 내지 ④를 택함으로써 수임료에 맞게 경제적 선택을 했다고 생각할지라도, 고객의 입장에서는 "저 변호사는 성실하지 않고, 실력도 없다"는 평가를 내릴 수도 있는 것이다. 물론 어떤 사건에서는 냉정하게 판단하여 ② 내지 ④를 선택해야 하는 상황이 있을 수도 있다. 그런데 그러한 경우가 아주 예외적으로 1회만 발생하는

것이 아니라 자주 발생하게 된다면 고객들 사이에서 나의 평판이 하락할 것은 불 보듯 뻔한 일이다. '고객 몇 명한테서 욕을 먹는다고 해서 그게 소문이 나겠어?'라고 생각할 수도 있겠지만, 생각보다 변호사 시장은 좁고 소문은 빨리 퍼진다.

따라서 변호사가 예상을 잘못하여 결과적으로 저가 수임을 하게 된 경우에도, 법률서비스의 품질 및 변호사 개인의 평판 유지를 위해, 또한 그럼으로써 고객의 만족도를 높이고 이것이 재구매 및 추천 의사로 이어지도록 하기 위해 다른 사건과 동일하게 최선을 다해서 수행을 할 필요가 있는 것이다. 그 과정에서 감정적으로 기분이 안 좋을 수 있겠지만, 수임 계약을 잘못 체결한 자기 자신을 탓할 수밖에 없다.

3. 품질

3.1. 품질과 마케팅의 관련성

한국마케팅협회의 2002년 마케팅 정의에 따르면 마케팅이란 "조직이나 개인이 자신의 목적을 달성시키는 교환을 창출하고 유지할 수 있도록 시장을 정의하고 관리하는 과정"이다.19) 미국마케팅협회의 2017년 마케팅 정의에 따르면 마케팅이란 "고객, 의뢰인, 파트너 및 사회 전반에 대해 가치를 갖는 제공물을 창조하고, 알리고, 전달하고, 교환하기 위한 활동, 일련의 제도 및 과정"이다.20) 그런데 이러한 마케팅에 있어서 품질은 가장 기본적인 사항이다.21) 품질이 기본적으로 갖춰진 후에 마케팅을 논할 수 있는 것이지, 품질이 갖춰지지도 않은 상태에서 마케팅을 논하는 것은 적절하지 않다.

예를 들어, 특정 변호사가 부동산 경매 분야에 대한 전문성을 마케팅 전략으로 삼고자 한다면, 그러한 전문성이 있는 것을 전제로 하여서 이를 어떻게 대중에게 효과적으로 알릴 것인가 하는 마케팅 전략이 검토될 수 있는 것이다. 그러한 전문성 자체가 애초에 확보되지 않았다면 마케팅에 있어서 기초 정보를 신뢰할 수 없는 것이 되어서 마케팅 전략이 뿌리채 흔들리게 될 것이다. 참고로, 당연한 결과일수도 있겠지만, 법률서비스의 생산성과 품질이 고객만족도와 고객충성도(재구매 의사)에 긍정적인 영향을 미치는 점을 실증적으로 연구한 논문도 존재한다.22)

3.2. 법률서비스에 있어서 품질의 정의와 중요성

그렇다면, 법률서비스에 있어서 품질이란 무엇인가? 아직까지 법률서비스의 품질에 대해 정의하려는 전문적인 시도는 없었던 것으로 보인다. 일반적인 관점에서 법률서비스의 품질에 대해 정의해보면, 소송사건에 있어서 품질은 충실한 소송 수행(과정의 측면)과 만족스러운 결과(결과의 측면)이고, 자문 사건에 있어서 품질은 고객이 불편을 느끼는 법적인 문제에 대해 적법하고 합리적인 해결책을 제시하고(과정의 측면) 그럼으로써 그 문제를 해결하도록 하는 것이다(결과의 측면).

품질이 좋지 않으면 그 어떤 변호사도 롱런할 수 없을 것이다. 실제로 소비자들이 변호사를 최초에 선임할 때는 전관경력, 승소경력을 많이 고려하나, 업무 수행을 완료한 후의 소비자들의 만족도 및 재방문의사와 관련하여서는 전관경력 및 승소경력이 미치는 영향력이 매우 제한적이고 이보다는 전문적인 법률지식을 갖추고 업무를 수행하였는지 여부가 더 중요한 영향을 미친다는 연구 결과도 존재한다.23) 따라서 다른 업종과 마찬가지로 변호사업에 있어서도 품질의 중요성은 이루 말할 수 없이 큰 것이다.

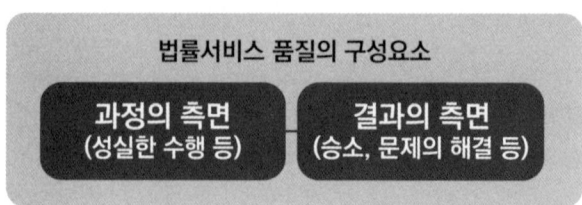

3.3. 법률서비스의 품질에 대한 고객의 평가

전문적 영역의 경우, 고객이 품질을 평가하는 것은 쉽지 않다. 예를 들어, 일반인이 병원을 가서 진료를 받는 경우, 의학에 대한 전문지식이 없기 때문에 의료행위가 잘 이루어지고 있는지 구체적으로 판단하기는 어렵다. 하지만 고객은 상식적인 관점에서 의사가 성실하게 진료를 하고 있는지, 그로 인해서 내 질병이 치료되었는지 등에 대해 대략적인 평가를 하게 된다. 어떤 의사는 진료 과정에서 쉬운 용어로 상세히 설명해주고 실제로 치료도 잘 하는 것으로 느껴지게 하는 반면에, 어느 의사는 진료를 받고 나서 고객으로 하여금 "무슨 말인지 이해가 안 되는데. 그래서 결론이 뭐라는 거지?"라고 느끼게 만들 수도 있다. 마찬가지로 변호사업의 경우에도, 고객이 법률서비스의 품질을 구체적으로 판단하기는 어렵겠지만, 적어도 해당 변호사가 성실하게 사건을 수행하고 있는지, 사건의 쟁점과 수행 과정을 쉬운 용어로 설명해주는지, 그로 인해서 내 법률 문제가 해결되었는지 등에 대해 대략적인 평가를 하게 된다.

앞서 언급했듯이, 변호사업의 중요한 특성 중의 하나가 고객과의 신뢰관계이고, 따라서 지인의 추천에 따른 수임이 중요한 역할을 차지하므로, 어떤 고객에게든지 만족스러운 법률서비스를 제공하는 것이 필요하다. 그리고 만족스러운 법률서비스를 제공받은 그 고객이 지인들에게 "그 변호사에게 한번 가봐라. 내가 경험해 봤는데 믿을만한 변호사다"라고 체험 후기를 알려주게 되면 그만큼 수임 확률도 높아지게 된다. 앞서 언급했듯이 변호사업의 특성상 법률서비스로 인한 결과가 고객에게 미치는 영향이 막대한데, 고객이 주변 지인에게 변호사를 추천할 때는 잘못 추천함으로써 주변 지인에게 큰 불이익을 주고 결국에는 추천한 본인이 욕을 먹을 수도 있다는 점을 염두에 둘 수밖에 없다. 따라서 고객이 그러한 위험을 무릅쓰고서라도 주변인에게 나를 추천할 수 있을만큼 충분한 역량을 보여주는 것이 필요하다.

이는 변호사들이 일상적으로 겪는 주변 변호사 추천 문제를 떠올려 보면 직관적으로 이해되는 문제이다. 변호사 역시 주변 지인들로부터 다른 변호사를 추천해달라는 요청을 가끔 받게 받게 된다. 어떤 지인이 특정 전문 분야와 관련된 변호사를 소개해달라고 부탁한 경우, 그러한 부탁을 받은 변호사는 몇 가지 고민을 하게 되는데 그 고민은 "어떤 변호사를 소개해줘야 할까?", "그 변호사가 그 분야에서 유명하기는 한데, 실제로도 성실하게 업무를 처리할까?", "혹시 사건이 잘못되면 내가 욕을 먹지는 않을까?" 등이다. 이는 바로 외부에 알려진 전문성 내지 명성과 실제 품질의 괴리 가능성 및 그로 인한 나의 도의적 책임을 걱정하는 것이다. 어떤 특정 분야에서 유명하다고 하더라도 실제로 사건을 충실히 수행하는지 여부는 서로 다른 문제임을 변호사들은 익히 잘 알고 있다.

3.4. 법률서비스의 품질을 결정하는 요소

일반적으로는 법률서비스의 품질이 좋다는 것은 앞서 언급하였듯이 충실한 업무수행(과정적 측면)과 좋은 결과(결과적 측면)로 압축하여 표현할 수 있다. 그러나 구체적으로 법률서비스의 품질을 결정하는 요소가 무엇인가라는 의문을 제기하였을 때 이에 대해서 쉽게 대답하기 어렵다. 아직까지 국내에서는 법률서비스의 품질을 결정하는 요소가 무엇인지를 규명하기 위한 연구는 수행된 적이 없는 것으로 보인다. 2010년에 영국에서 과거 2년간 법률서비스를 이용해 봤던 사람 또는 향후 1년 내에 법률서비스를 이용할 것으로 예상되는 사람들을 대상으로 수행된 설문조사에서, 응답자들은 양질의 법률서비스가 갖는 특성으로 다음과 같은 6가

지를 선택했다.24)

| 양질의 법률서비스가 갖는 6가지 특성 |

순번	특성	설명
1	공감 (Empathy)	고객을 인격체로 대우하고 고객의 상황을 이해
2	효율적인 절차 (Efficient processes)	업무를 부드럽게 처리하고 제 때에 처리
3	목표 달성 (Achieving outcomes)	소송 또는 자문에서의 목표를 달성
4	명료함과 쉬운 설명 (Clarity and de-mystification)	언제 어떤 상황이 벌어질지에 대해 쉽고 명확하게 설명
5	법적 지식의 선제적 사용 (Proactive use of legal knowledge)	적절한 대안의 제시, 고객의 개별적 상황에 맞는 조언 제공 등
6	전문가다운 외관 (Professional presentation)	옷차림, 외모, 사무실 환경

위와 같은 6가지 특성은 앞서 제시했던 법률서비스 품질의 정의와 크게 다르지 않다. 앞서 소송사건에 있어서 품질은 충실한 소송수행(과정의 측면)과 만족스러운 결과(결과의 측면)이고, 자문 사건에 있어서 품질은 고객이 불편을 느끼는 법적인 문제에 대해 적법하고 합리적인 해결책을 제시하고(과정의 측면) 그럼으로써 그 문제를 해결하도록 하는 것(결과의 측면)이라고 제시하였다. 그렇다면 변호사와 사무실의 외관에 관한 6번을 제외하면 1번, 2번, 4번, 5번은 과정의 측면에서 평가되는 품질의 요소이고, 3번은 결

과의 측면에서 평가되는 품질의 요소라고 볼 수 있다.

한 가지 추가로 살펴볼 문제는 법률서비스의 품질을 평가하는데 있어서 과정의 측면과 결과의 측면 중 어느 것이 더 중요한가이다. 고객이 목표로 했던 바를 달성했을 때 고객의 만족도, 재구매 및 추천 의사가 더 클 것은 명백하다. 그러나, 목표는 달성했으나 사건의 수행 과정에서 변호사와 연락이 잘 되지 않고 제대로 된 설명도 듣지 못한 경우에 과연 그러한 고객이 재구매 및 추천 의사를 갖게 될지는 의문이다. 반면에, 소송에서 패소하는 등 목표를 달성하지 못했다고 하더라도 고객의 상황을 공감하고 최선을 다해서 사건을 수행했으며 수행 과정에서 모든 절차를 쉽게 설명해주었던 경우에, 결과와 관계없이 고객의 재구매 및 추천 의사가 확보될 수 있다. 왜냐하면 그러한 경우에는 고객 스스로도 "변호사도 최선을 다했는데 패소는 어쩔 수 없는 상황이었다"고 느낄 가능성이 높기 때문이다. 이러한 차원에서 볼 때 소송에서 패소하였다고 하더라도 망연자실해 있는 고객을 위로하고 향후의 대응방안을 마련해 주는 것은 매우 중요한 일이 될 수 있다.

지금까지는 변호사업의 일반적인 특성을 전체적으로 살펴보았다. 이어지는 제3장에서는 시각을 좁혀서, 개업변호사의 마케팅·홍보 전략에 대해서 좀 더 세부적으로 살펴보겠다.

III. (총론) 개업변호사의 마케팅·홍보 전략

1. 개업변호사의 수임 유형

제3장에서는 총론으로서 개업변호사의 마케팅·홍보 전략에 대해 큰 틀에서 살펴보고자 한다. 최근의 경향을 고려할 때 개업변호사가 사건을 수임하는 방법은 다음과 같이 크게 4가지의 경우로 나눌 수 있다.

1) 직접 아는 사람이거나 주변 지인의 추천이 있는 경우
2) 블로그, 유튜브, 뉴스기사 등 온라인 매체 검색
3) 정기 자문계약
4) 길 가다가 들어온 경우(이른바 워크인 고객)

아래에서는 위 4가지의 경우를 개별적으로 설명하도록 하겠다.

1.1. 직접 아는 사람이거나 주변 지인의 추천이 있는 경우

변호사의 수임 경로에 있어서 시작점은 해당 변호사가 직접 아는 사람으로부터 수임을 하는 경우이다. 예를 들어, 변호사의 친척이나 친구 등에게 법적 문제가 생겨서 그 사건을 수임하게 되는 경우를 예로 들 수 있다. 그런데 변호사가 직접 알고 있는 사람의 숫자 자체에 당연히 한계가 있고, 또한 그 사람이 법적 문제의 당사

자가 되는 경우는 실제로 많지 않다. 그런 경우보다는, 그렇게 아는 사람이 추천을 해주어서(이른바 '알음알음'의 방식으로) 수임을 하는 경우가 훨씬 더 많다.

이렇게 주변 지인의 추천이 있는 경우는 주변 지인이 나를 얼마나 알고 있는지에 따라 다시 2가지의 경우로 나누어질 수 있는데, 이는 ① 나를 추천해준 그 주변 지인이 단순히 나를 알기만 하는 경우와 ② 그 주변 지인이 나에게서 실제로 법률자문을 받은 적이 있거나 과거에 나와 같이 법률업무를 해봤던 경우이다. 위 ①의 경우는 가족, 친척, 친구 등과 같이 나를 잘 알기는 하나 과거에 나에게서 실제로 법률자문을 받은 적이 없고, 나와 같이 법률업무를 해본 적도 없는 경우이다. 위 ②의 경우는 그 주변 지인이 단순히 나를 아는 차원을 넘어서서 나의 과거 의뢰인으로서 나에게서 실제로 법률자문을 받아본 적이 있거나 또는 내가 재직했던 과거 법무법인의 동료 변호사처럼 나와 같이 법률업무를 해 본 적이 있는 경우이다. 굳이 ①과 ②를 나누는 이유는 ①보다는 ②의 경우에 수임 가능성이 더욱 높아질 것이기 때문이다.

즉, 위 ①의 경우에는 그 주변 지인이 단순히 나를 잘 알기만 하기 때문에 추천을 해 줄 때도 "내 친구인데 믿을만한 사람이야"라는 정도로 얘기를 하게 될 것이다. 이 정도만 하더라도 변호사를 찾고 있는 고객에게 큰 신뢰감을 줄 수 있을 것이지만, 일반적으로 사람들이 어떤 제품이나 서비스에 대해 신뢰감을 갖는 가장 중요한 근거가 실제 체험 또는 타인으로부터 청취한 체험 후기임을 고려할 때, "내 친구인데 믿을만한 사람이야"라는 정도의 추천은 '체험 후기'에는 이르지 못하는 것이다. 그러나 위 ②의 경우에는 한 차원 높은 추천이 가능해진다. 과거에 나에게 법률업무를 맡겼다가 만족감을 느꼈던 주변 지인은 "내 친구인데 믿을만한 사람이야. 내가 전에 이러이러한 일을 맡겼었는데, 이러이러하게 잘 처리해줬어"라고 추천해 줄 수 있는 것이다. 그리고 이런 생생한 체험 후기는 인터넷 블로그, 변호사 광고 사이트와 같은 곳에 기재된 경우보다는 자신이 믿는 사람으로부터 직접 들었을 때 더욱 신뢰하게 된다. 같은 이치로 우리는 주변의 친한 사람으로부터 병원, 카페, 학원 등에 대한 생생한 체험 후기를 듣고는 망설임 없이 선택하기도 한다. 실제로 2012년에 수행된 연구에 따르면 소비자들이 특정 제품에 대한 정보를 얻는 원천에 있어서 가족·친구·지인의 정보를 가장 신뢰하는 것으로 확인되었다.[25]

| 소비자정보의 신뢰도 정도(5점 만점) |

문항	평균
가족, 친구, 지인의 정보를 신뢰한다	3.80
일반 소비자가 올리는 상품이용 경험, 후기 정보를 신뢰한다	3.64
소비자원 등 공공기관 제공정보를 신뢰한다	3.53
상품전문가 평가정보(카페, 블로그, 사이트 등)를 신뢰한다	3.52
시민단체 제공정보를 신뢰한다	3.50
쇼핑몰사이트 정보(표시, 설명, 광고 등)를 신뢰한다	3.28

이와 관련하여 2011년에 수행된 연구에서 설문조사의 응답자들에게 변호사를 선임해야 하는 가상적인 상황을 부여한 후 변호사에 관한 정보를 얻을 수 있는 경로(매체)에 대해 평가를 하도록 하였는데, 아래에서 볼 수 있듯이 '지인추천'과 '변호사상담(대면상담)'이 정보의 신뢰성, 정확성, 충분성, 유용성, 이해용이성 등 5가지 항목에서 가장 높은 평가를 받은 것으로 확인된다.[26]

| 매체별 정보의 품질에 대한 소비자 평가 평균 |

	TV 광고	지면 광고 (이미지)	지면 광고 (정보)	지인 추천	인터넷 상담	변호사 상담	전반적인 정보 환경
신뢰성	3.13	2.99	2.94	3.53	3.02	3.52	3.21
정확성	3.01	2.83	2.98	3.30	2.91	3.42	3.12
양의 충분성	2.81	2.51	2.87	3.11	2.72	3.25	2.82
유용성	3.19	2.79	3.00	3.46	3.08	3.49	3.35
이해 용이성	3.15	2.66	3.00	3.42	2.99	3.41	2.64

결국, 나의 업무를 경험한 후 나를 신뢰하는 사람을 늘리게 되면 변호사 마케팅에 있어서 가장 좋은 결과가 나타날 수 있다고 할 수 있다. 어떤 사람(A)이 법률문제에 휘말리게 되면, 그 사람의 주변에 있는 여러 사람들이(B, C, D …) A에게 문제가 생긴 것을 알게 된다. 그 후에 만약 B가 법률문제에 휘말리게 되면 이미 법률문제를 겪었던 A에게 변호사를 추천해줄 수 있는지 문의할 가능성이 매우 높다. 이 때 A가 어떤 얘기를 해주느냐가 변호사의 추가 수임 가능성에 지대한 영향을 미치게 된다. 상식적으로 생각해보아도, 보통 법률문제라는 것이 개인의 인생에 큰 영향을 미치는 경우가 많기 때문에 사람들은 변호사를 추천할 때 매우 신중하게 된다. 추천을 잘못했다가 결과가 안 좋으면 되려 자신이 욕을 먹을 수도 있

다. 그렇기 때문에 A는 자신이 경험했던 변호사가 과연 믿을만한 사람인지, 실력 있는 사람인지를 고민해 본 후 추천 여부를 결정하게 되는 것이다.

그런데 만약 A가 과거에 나에게서 만족감을 느끼지 못했다면 상황이 달라진다. 만약 B의 법률문제가 비교적 간단한 문제라면 A는 "내가 전에 법률자문을 맡겼었는데, 이러이러해서 썩 만족스럽지 않았어. 그래서 추천하기가 애매하네"라면서 애매한 뉘앙스로 말을 할 수도 있다. 비교적 간단한 문제이기에 아예 추천하기 어렵다고까지는 얘기하지 않으나(만약 A의 불만족스러움이 컸었다면 A는 아예 추천을 하지 않는다고 얘기할 수도 있다) 애매하게 얘기함으로써 자신이 나중에 책임을 지지 않을 여지를 만들어 두는 것이다. 만약 B의 법률문제가 상당히 중대한 문제라면 A는 "내가 전에 법률자문을 맡겼었는데, 이러이러해서 썩 만족스럽지 않았어. 그래서 추천하기가 어렵네"라고 얘기할 가능성이 높다. 중대한 문제에 대해서는 아예 추천을 할 수 없다고 확실히 얘기함으로써 자신의 책임을 피할 수 있는 것이다.

이러한 점에서 볼 때, 변호사는 최초에 특정인(A)로부터 수임을 하는 것도 중요하지만, 특정인(A)으로 하여금 변호사의 법률서비스에 만족하게 하여 재구매 또는 추천의사를 갖도록 하는 것이 장기적인 마케팅 차원에서 더욱 중요하다. 그럼으로써 그 변호사는 특정인(A)뿐만 아니라 특정인(A)의 주변인(B, C, D …)까지 잠재고객으로 갖게 되는 것이다.

이러한 지인 추천을 받은 고객이 변호사와 대면 상담까지 하게 되는 경우에는 수임 가능성이 더 높아지게 된다. 2004년에 수행된 연구에서는 변호사를 실제로 선임해 본 경험이 있는 99명을 대상으로 설문조사를 하였었는데, 사무실 한 곳만 방문하여 선임한 비율이 62.6%, 2곳을 방문하여 선임한 비율이 11.1%, 3곳을 방문하여 선임한 비율이 17.2%로 응답되었다.27) 또한, 앞서 언급한 2011년 연구에서는 '지인추천'과 '변호사상담(대면상담)'이 정보의 신뢰성, 정확성 등에서 가장 높은 평가를 받았는데,28) 이는 직접 체험(대면상담)과 신뢰성 있는 간접 체험(지인 추천)이 가장 중요한 변호사 선임 요소가 된다는 것을 의미한다. 결국 위 2가지의 연구 결과를 종합하면 고객들은 주변 지인 추천 등을 통해 대체적으로 1~3곳의 범위 내에서 상담을 받은 후 변호사를 선임하게 됨을 알 수 있다. 따라서 변호사는 주변 지인의 추천으로 고객과 상담을 하게 되는 경우에, 수임에 대해서 최대 3:1의 경쟁 상태에 있다고 전제할 수 있는 것이다.

1.2. 블로그, 유튜브, 뉴스기사 등 온라인 매체 검색

현재 변호사 마케팅에 있어서 블로그, 유튜브, 뉴스기사, 변호사 광고 플랫폼 등 인터넷 매체가 미치는 영향은 지대하다. 우리나라에서는 최근에 변호사 선임에 있어서 인터넷 매체가 미치는 영향을 구체적으로 분석한 연구는 없는 것으로 보이나, 2022년에 미국의 한 로펌 마케팅 업체가 수행한 설문조사에 따르면 변호사를 선임해야 할 상황에 처하게 된 경우에 인터넷 검색 또는 SNS 광고에서 확인된 정보를 통해 변호사를 물색하겠다는 비율이 45.64%, 지인 추천을 통해 변호사를 물색하겠다는 비율이 45.47%로 나타났다.29)

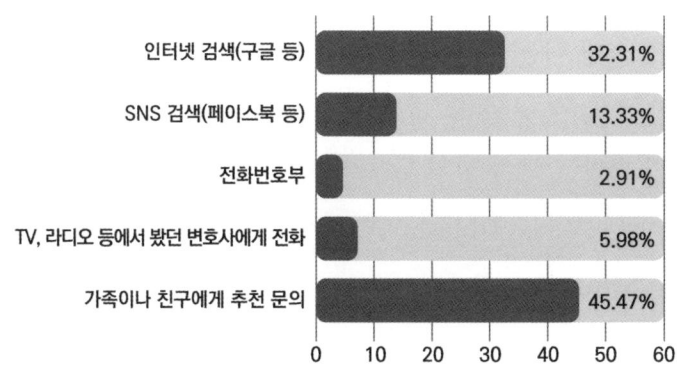

| 미국 로펌 마케팅 업체의 2022년 설문조사 내용 |

출처: 미국 로펌 마케팅 업체인 Attorney Sluice의 웹사이트
(https://attorneysluice.com/blog/legal-marketing-statistics-law-firms-need-to-know/)

이에 따르면 온라인 매체를 통한 변호사 선임 비율과 지인 추천을 통한 변호사 선임 비율이 거의 동일한 정도에 이른다는 것이 된다. 이러한 비율은 한국의 경우에도 크게 다르지 않을 것으로 생각된다. 따라서 2025년 현재 한국의 법률시장에서 마케팅의 2가지 축은 ① 지인 추천과 ② 온라인 매체라고 할 수 있고, 변호사 마케팅·홍보에 있어서 이 2가지는 같은 비중의 정도로 취급되어야 하는 것이다.

참고로 2016년에 미국에서 변호사들과 로펌 마케팅 직원들을 대상으로 수행된 설문조사에 따르면 변호사 마케팅에 있어서 블로그보다 링크드인을 더 중요시하는 것으로 확인되었는데,[30] 이는 미국의 법률 서비스 소비자들이 법률 서비스 관련 정보를 얻는 데 있어서 블로그보다 링크드인을 더 자주 사용한다는 의미가 될 것이다. 또한 이는 우리나라 변호사에게 있어서도 여러 온라인 매체 중 어느 것을 주된 마케팅 대상으로 삼는 것이 좋을지 고민하는 것이 필요함을 보여준다. 우리나라에서 변호사 광고의 수단으로 사용되는 온라인 매체들에 대해서는 뒤의 각론 부분에서 구체적으로 살펴보도록 하겠다.

1.3. 정기 자문계약

  기업 또는 기관과의 정기 자문계약은 약간 특수한 수임 방법이다. 즉, 애초에 변호사가 어떤 기업과 정기적인 자문계약을 체결할 때 해당 기업의 대표와의 친분관계, 주변 지인의 추천, 온라인 매체 검색 등에 근거하는 경우가 많으므로 본질적으로는 독자적인 수임 유형이라기 보다는 앞서 언급한 주변 지인의 추천, 온라인 매체 검색 등에 포함된다고 할 수 있다. 그러나 기업 또는 기관과의 정기 자문계약에 따른 수임은 자문계약이 체결된 후에 여러 양상으로 수임 루트가 넓어지기 때문에 독립적인 유형으로 살펴볼 필요가 있다. 정기 자문계약은 크게 사기업이나 사단법인 등 사적 기관과 체결되는 경우와 정부부처나 공공기관 등 공적 기관과 체결되는 경우로 나누어 진다.

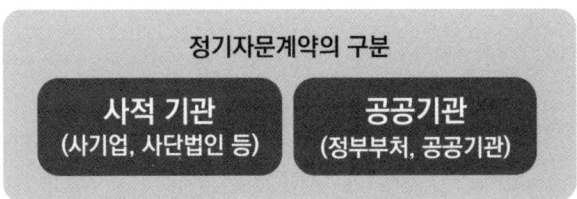

  첫째, 사적 기관과의 정기 자문계약은 가장 안정적인 수임 방법이 될 수 있다. 기업이나 기관은 지속적으로 계약서 검토, 법적 분

쟁 해결 등의 자문을 의뢰하거나 소송을 의뢰하는 경우가 많으므로 변호사로서는 특정 기업이나 기관과 자문계약을 체결하는 것이 안정적인 수임 루트 확보에 있어서 매우 중요할 수밖에 없다. 또한, 기업을 자문하다보면 '파생사건'이 존재하게 되므로 수임 루트가 더 넓어지게 된다. '파생사건'이라 함은 해당 기업에 소속된 임직원들의 개인적인 문제(자신, 가족, 지인들의 문제)와 관련된 소송 또는 자문 사건을 말한다. 앞서 주변 지인의 추천에 의한 수임 부분에서 특정 고객에게 만족스러운 법률 자문을 제공함으로써 그 특정 고객의 주변 지인들을 잠재적 고객으로 확보하게 된다는 점을 설명하였는데, 기업의 경우에는 해당 기업의 임직원들 또는 임직원들의 가족을 잠재적 고객으로 확보하게 되는 것이다. 특히 기업 대표가 개인적인 법적 문제나 가족의 법적 문제를 의뢰하는 경우에는 그 대표가 나를 많이 신뢰하고 있다는 의미가 될 것이고, 그러한 차원에서 고마움을 느낄 때도 있다. 나아가, 해당 기업이 같은 산업군에 속한 다른 기업을 소개시켜 주는 경우도 있을 수 있다. 이는 바로 '주변 지인의 추천'에 의한 수임이 기업에 적용되는 경우라고 볼 수 있다.

| 사적 기관과의 정기 자문계약의 장점 |

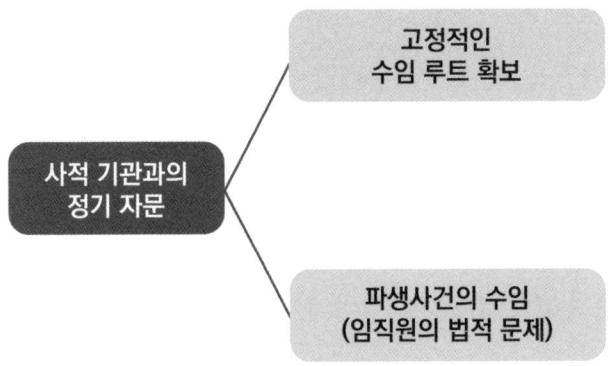

그런데 문제는 특정 기업이나 기관과 정기적인 자문계약을 체결하는 것이 매우 어렵다는 점이다. 평소에 기업 또는 기관의 대표들과 신뢰관계를 형성하고 있지 않는 이상 새롭게 기업이나 기관과 정기 자문계약을 체결하는 것은 개업변호사에게 상당히 어려운 일임이 분명하다. 현재 우리 사무소의 경우 몇 곳의 기업 또는 기관들을 정기적으로 자문하고 있는데, 이들 중 대부분은 기업 또는 기관 대표와 직접적인 지인관계에 있거나 또는 주변 지인의 추천을 받은 곳이다. 실제 사례를 예로 들면, 우리 사무소가 자문하고 있는 특정 기업의 경우 정기적으로 법률자문을 맡길 변호사를 찾고 있었는데, 그 특정 기업이 주로 영위하는 분야에 대해 전문성을 보유한 변호사를 추천해달라고 주변에 의뢰한 결과 우연히 서로 다른 2명이 모두 우리 사무소를 추천하여 정기 자문계약을 체결하게 되었다. 이는 우리 사무소가 보유한 특정 분야의 전문성이

효과를 발휘하게 된 사례라고 볼 수 있는데, 그만큼 기업과의 정기 자문계약 체결을 위해서는 전문성을 확보하는 것이 중요하다고 할 수 있다. 또한, 정기 자문계약까지는 아니더라도 1회성 단건 자문의 기회를 갖는 것도 쉽지 않으므로, 개업변호사는 기업으로부터 간단한 문제라도 법률자문을 제공할 수 있는 기회가 왔을 때는 최선을 다해서 고객이 만족할 만한 자문을 제공하는 것이 중요하다. 최근에 발행된 개업변호사의 전략과 관련된 책에도 "단건 자문일지라도 의뢰인이 만족한 경우에는 추가 자문이나 정기 자문으로 이어지기 때문에 사내변호사 출신 개업변호사들은 단건 자문 하나도 허투루 내보내지 않는 게 중요하다 생각한다"고 기재된 부분이 있는데,[31] 이는 지극히 타당하다고 생각된다.

둘째, 정부부처나 공공기관과의 정기 자문계약은 사적 기관의 경우와는 약간 사정이 다르다. 정부부처나 공공기관이 고문변호사(자문변호사, 법률고문 등 명칭은 다양하다)를 뽑을 때는 모집 공모에 의하는 경우가 대부분이므로 일단은 적어도 외견상으로는 모든 변호사에게 공평한 기회가 부여된다고 볼 수 있다. 공적 기관의 고문변호사로 위촉되면 기업의 경우와 마찬가지로 안정적으로 법률자문이나 소송을 수임할 수 있는 루트가 생긴다. 공적 기관의 경우 예산의 한계로 인해서 기업에 비해서 수임료가 낮을 수밖에 없지만, ① 어찌됐든 꾸준한 수임 루트가 될 수 있는 것은 분명하다. 또한 ② 공적 기관을 자문함으로써 일반인들이 신뢰할 만한 경력을 갖게 되고, ③ 공적 기관의 업무와 관련된 전문성도 쌓게 되며, ④ 나아가 공적 업무에 기여한다는 보람도 느낄 수 있다. 뒤에서 각론 부분에서 자세히 살펴보겠지만, 공적 기관의 고문변호사로 위촉되기 위해서는 모집공고에 대한 인터넷 검색과 전문성 확보가 가장 중요하다. 공적 기관의 경우 특수한 분야별로 전문성 있는 변호사를 고문변호사로 뽑는 경향이 있으므로 평소에 특정 분야에 대한 전문성을 확보하는 것이 중요한 것이다.

| 공공기관의 고문변호사로 선임되는 경우의 장점 |

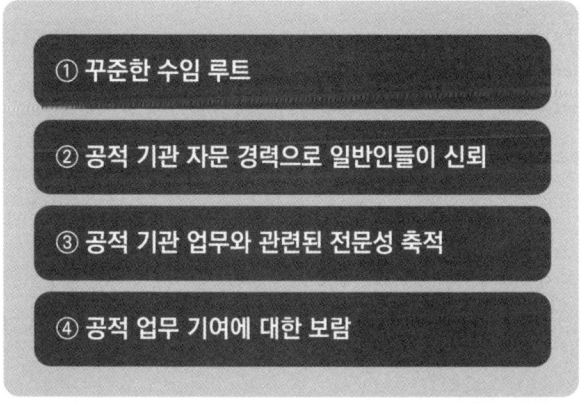

① 꾸준한 수임 루트

② 공적 기관 자문 경력으로 일반인들이 신뢰

③ 공적 기관 업무와 관련된 전문성 축적

④ 공적 업무 기여에 대한 보람

그리고 고문변호사 위촉이 어렵다고 하더라도, 그 전 단계로서 정부부처, 지방자치단체나 공공기관의 각종 위원회의 위원으로 활동하는 것도 생각해 볼 수 있다. 그러한 위원회 활동을 통해서 해당 분야의 전문성을 쌓을 수 있고 또한 해당 기관과 신뢰관계를 맺을 수도 있게 되어 향후에 고문변호사 위촉에 있어서 긍정적인 영향을 미칠 수도 있을 것이다. 따라서 지속적인 인터넷 검색을 통해서 정부부처, 지방자치단체, 공공기관의 각종 위원회에 대한 지원을 계속하는 것이 필요할 수 있다.

1.4. 길 가다가 들어온 경우(이른바 워크인 고객)

예전에는 변호사 사무실의 숫자가 적어서 고객들이 근처 법원 주변을 걸어가다가 아무 변호사 사무실이나 들어가는 경우가 종종 있었다고 한다. 그러나 지금은 변호사 사무실이 크게 늘었을 뿐만 아니라, 고객들도 인터넷을 통해서 변호사의 경력, 전문성, 승소경험 등을 미리 찾아본 후 변호사 사무실에 연락을 하는 경우가 많다. 그렇기 때문에 이른바 워크인 고객은 보기 드문 것이 사실이다.

우리 사무소의 경우에도 워크인 고객이 거의 없었다. 애초에 길에서 우리 사무소의 간판을 볼 수가 없는 상황이기도 하고, 또한 네이버 검색을 통해서 주변 동네 주민이 전화로 문의를 하는 경우도 있었으나 실제 상담이나 수임으로 연결되는 경우는 거의 없었다. 그러나, 경우에 따라서는 주변 회사원, 지역 주민 등을 타겟으로 하여 전략적으로 사무실 위치를 정할 필요성도 여전히 남아 있는데, 이에 대해서는 뒤에서 다시 설명하겠다.

1.5. 나의 현황 파악

위와 같은 여러가지 수임 유형을 기준으로 현재 나의 수임 사건에 대한 통계를 내볼 필요가 있다. 그래서 수임 비율이 높은 유형은 더욱 강화하고, 수임 비율이 낮은 유형은 보완할 필요가 있다. 3가지의 수임 유형(주변 지인의 추천, 온라인 매체 검색, 정기 자문계약)이 각각 몇 %의 비율로 구성되는 것이 가장 적절한 지는 알 수 없으나, 각 유형이 적어도 전체 수임액의 10~20%는 차지하도록 하는 것이 안정적인 수임에 도움이 될 것으로 생각된다. 어떤 변호사의 경우에는 수임 비율이 고객의 소개로 인한 경우와 온라인 검색으로 인한 경우가 8 대 2라고 밝히기도 했는데,[32] 이 비율은 적정 수준이라고 볼 수 있다. 따라서 매월 각 수임 유형에 대한 매출 통계를 내어 각 유형별로 적정 수임 비율을 유지하고 있는지 여부를 체크하면서 자신의 사무실이 적절한 마케팅 전략을 추구하고 있는지 확인해보는 것도 필요할 수 있다.

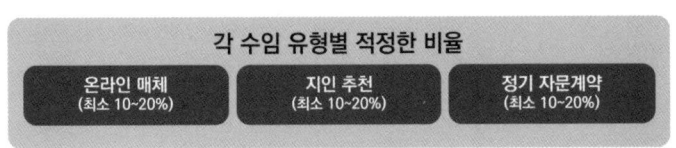

참고로, 우리 사무소는 이번 책을 작성하면서 2023년의 매출 통계를 내보았더니 온라인 매체에 의한 매출 비율이 전체 매출 중 대

략 8% 정도를 차지하는 것을 확인하고는 이를 10~20% 수준으로 증가시킬 필요가 있다는 생각을 하게 되었다. 기존에 우리 사무소는 홈페이지, 블로그 등에 1주일에 1~2개 정도로 행사 공지, 언론 보도 공지, 업무 사례 등 간단한 게시글만 올려왔다. 그런데, 특정 시점부터는 블로그를 적극적으로 활용하기 위해 가급적 1주일에 3~4개의 게시글을 올리게 되었고, 게시글의 주된 유형도 기존의 업무 사례나 또는 특정 분야의 법률지식을 최대한 상세하게 기재하는 것으로 변경하였다. 이로 인해 변호사와 직원이 마케팅과 홍보에 투입해야 할 시간이 늘어나게 되기는 하였으나, 게시글들은 과거에 수행했던 소송이나 자문에서 이미 리서치를 했던 것들을 정리하는 정도로 함으로써 투입 시간을 최소화하고자 하였다. 단기적으로는 큰 효과가 나타나지는 않는 것 같으나, 장기적으로 효과가 나타날지는 두고 보아야 할 것이다.

2. 개업변호사의 마케팅·홍보 전략

앞서 설명한 여러 가지 내용들을 종합하면, 이 책에서 제시하고자 하는 개업변호사의 마케팅·홍보 전략은 「① 평소에 주변 사람들에게 신뢰할 만한 사람이라는 평판을 구축하여, ② 좋은 품질의 법률서비스를 제공하면서, ③ 적정한 수임료를 제시하고, ④ (주변 지인 추천의 측면에서) 나의 법률 업무를 경험한 사람을 최대한 늘리며, ⑤ (온라인 매체 검색의 측면에서) 내가 수행했던 업무를 온라인에서 적극 홍보하고, ⑥ 공적 기관의 고문변호사나 각종 위원회 위원에 적극 지원하며, ⑦ 마케팅·홍보의 효과를 지속적으로 체크할 것」으로 요약될 수 있다. 아래에서는 개별 전략별로 나누어서 설명하도록 하겠다.

| 7가지 마케팅·홍보 전략 |

전략 1	평소 주변 사람들에게 신뢰할 만한 사람이라는 평판 구축
전략 2	좋은 품질의 법률서비스 제공
전략 3	적정한 수임료 제시
전략 4	(주변 지인 추천의 측면에서) 나의 법률 업무 경험자 최대한 늘리기
전략 5	(온라인 매체 검색의 측면에서) 내가 수행했던 업무 온라인에 적극 홍보
전략 6	공적 기관 고문변호사나 각종 위원회 위원에 적극 지원
전략 7	마케팅·홍보 효과 지속적 체크

2.1. 평소에 믿을만한 사람이라는 평판을 구축할 것

앞서 여러 차례에 걸쳐 설명하였듯이, 고객은 변호사와의 신뢰관계를 기초로 사건을 위임하게 된다. 그러한 신뢰는 변호사가 전문성을 가지고 지급한 수임료에 부합하는 정도 또는 그 이상의 열심을 다하여 자신의 사건을 잘 처리해 주리라는 믿음일 것이다.

그런데, 일반적으로 사건 수임의 50% 이상이 주변 지인의 추천에 의해서 이루어지고 있는 현실을 고려할 때, "과연 내가 주변 사람들로부터 '믿을만한 사람이다'라는 평가를 받고 있는가?"라고 자문해볼 필요가 있다. 이는 변호사이기 전에 한 명의 사회인으로서의 사회적 평판의 문제이다. 우리는 주변의 친구나 직장의 동료를 보면서 "저 사람은 일을 믿고 맡길 만한 사람이다"라는 평가를 하기도 한다. 이러한 평판의 근저에는 그 사람의 성실성, 정직성, 책임감 등에 대한 평가가 자리잡고 있다. 좋은 사회적 평판은 개업 후의 수임에 있어서 아주 중요한 밑거름이 된다.

또한, 위와 같은 관점에서 볼 때, 지금 현재는 개업한 상태가 아니고 법무법인 주니어 변호사, 사내 변호사 등으로 근무하고 있다고 하더라도, 지금 내가 만나고 있는 모든 사람들이 미래에 내가 개업했을 때 나의 고객 또는 나를 주변에 추천하는 사람이 될 수 있다는 점을 인식할 필요가 있다.

2.2. 고객에게 양질의 법률서비스를 제공할 것

앞서 소송사건에 있어서 법률서비스의 품질은 충실한 소송 수행(과정의 측면)과 만족스러운 결과(결과의 측면)이고, 자문 사건에 있어서 법률서비스의 품질은 고객이 불편을 느끼는 법적인 문제에 대해 적법하고 합리적인 해결책을 제시하고(과정의 측면) 그럼으로써 그 문제를 해결하도록 하는 것(결과의 측면)이라고 설명하였다. 좋은 품질의 법률서비스와 관련하여 구체적으로 3가지를 강조하고자 한다.

| 양질의 법률서비스 제공을 위한 3가지 방안 |

고객 만족 첫째	**법률 업무의 과정적 측면** - 설득력 있는 서면 작성, 해결책 제시 - 사건 진행 상황 통보(최소 1개월에 1회 정도)
고객 만족 둘째	**법률 업무의 결과적 측면** - 최대한 만족스러운 결과 제공 - 패소 이후 대응 방향 제공
고객 만족 셋째	**전문성과 희소성 측면** - 자신만의 전문 분야 확보 - 특정 전문 분야 희소성 고려

첫째, 법률 업무의 과정적 측면과 관련하여, 고객이 만족할 수 있도록 법원 판결, 정부부처의 유권해석 등에 근거한 설득력 있는 서면을 작성하거나 해결책을 제시해야 하고 이 과정에서 판결, 유

권해석 등의 리서치에 소요되는 많은 시간을 감수할 필요가 있다. 사실, 어느 정도의 난이도 있는 법률자문의 경우 리서치 시간과 서면 작성 시간이 50 대 50에 이르는 경우가 많다. 그만큼 리서치에 많은 시간이 소요되는 것이다.

또한, 사건 수행 과정에서 고객이 불안감을 느끼지 않도록 최소한 1개월에 1회 정도는 소송, 수사 등의 사건 진행 상황을 체크하여 고객에게 이메일, 문자메시지, 전화 등으로 통지하는 것이 필요할 수 있다. 때로는 소송, 수사 등에서 몇 개월씩 별다른 진행이 없는 경우가 있는데, 아무런 진행이 없다고 하더라도 고객이 궁금해하기 마련이므로 이에 대해서 지속적으로 통보를 해주는 것이 좋다.

둘째, 법률 업무의 결과적 측면과 관련하여, 소송이나 자문의 결과가 고객을 최대한 만족시켜 주는 것이 필요하겠지만 그렇지 못한 경우에도 계속해서 사후 서비스를 제공할 필요가 있다. 예를 들어 소송에서 패소한 경우에도, 고객에게 항소장 제출, 항소심으로 사건이 이심되는 시점, 항소심이 진행되는 예상 기간, 원심에서 패소한 주요 원인, 항소심에서의 대응 방향 등을 고객에게 전달하는 것이 필요하다. 이렇게 끝까지 최선을 다하는 경우에, 비록 결과가 좋지는 않았지만 고객이 나의 법률 서비스 전반에 대해 만족감을 느낄 가능성이 높아지고 그럼으로써 재구매 의사 또는 주변 추천 의사를 가질 수 있게 되는 것이다.

셋째, 양질의 법률서비스를 제공하는 데 있어서, 전문 분야와 희소성을 함께 추구하는 것을 고려해 볼 필요가 있다. 인터넷 웹사이트, 광고 등으로 인해 변호사의 정보가 과거에 비해 풍부해진 요즘 시대에서는 고객들이 여러 경로로 변호사의 정보를 확보한 후 이를 비교하여 변호사를 선임하고 있다. 고객들이 원하는 변호사는 비교적 낮은 가격으로 전문성 있는 법률서비스를 제공해주는 변호사인 경우가 많다. 즉, 고객에게 발생된 그 법적 문제에 대해 전문성이 없다면 아예 선임 후보군에도 들기 어렵다는 것이다.

따라서 자신만의 전문 분야를 확보하는 것의 중요성은 이미 널리 알려진 사실이어서 굳이 강조할 필요도 없을 것이다. 전문성을 갖추는 데 있어서 한 가지 고려할 필요가 있는 것은, 변호사들 사이에서 유명해질 필요가 있다는 점이다. 앞서 언급했듯이, 변호사들은 주변 지인들로부터 어떤 특정 분야의 전문 변호사를 소개해 달라는 요청을 받는 경우가 종종 있다. 내가 어떤 특정 분야의 전문가인 경우에, 나를 아는 다른 변호사가 '주변 지인'이 되어 추천을 하게 되는 것이다. 고객의 입장에서는 지인인 일반인이 다른 변호사를 추천하는 경우보다는 지인인 변호사가 다른 변호사를 추천하는 경우를 더 신뢰할 것이다.

한편, 전문 분야 확보를 목표로 함과 동시에 희소성도 함께 고려할 필요가 있다. 변호사가 아무리 특정 분야에 대해 전문성을 갖춘

다고 하더라도 그러한 전문성을 갖춘 변호사들이 많다면 여전히 경쟁이 치열하여 수임하기가 어려울 수 있다. 나아가 그러한 분야에서 다른 변호사와 차별화할 수 있을 정도의 '양질'의 수준은 매우 높을 수 있다. 반면에 희소성이 있는 분야에서는 경쟁이 덜 치열하기 때문에, 그 분야에서 요구되는 '양질'의 정도도 상대적으로 낮을 수 있다. 특정 전문 분야에서 희소성을 갖는다는 의미는, 그 분야의 법률 시장의 크기에 비해 전문성을 갖춘 변호사의 숫자가 적다는 것을 의미한다. 즉, 전문성을 갖춘 변호사의 숫자가 절대적으로 많고 적음의 문제라기보다는, 상대적인 차원에서 그 분야의 법률 시장의 크기와 변호사의 숫자간 비율이 중요한 것이다.

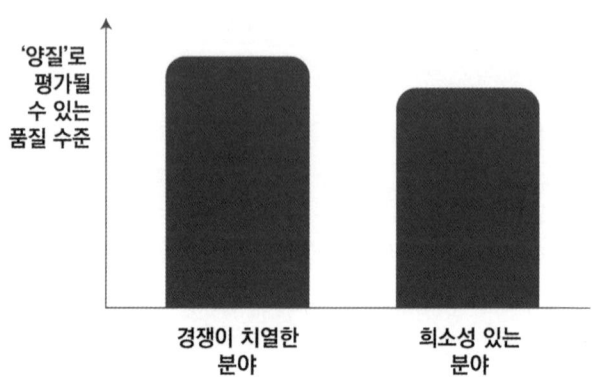

| '양질'로 평가될 수 있는 품질의 정도 |

그런데 희소성이 있다는 것은 바꾸어 말하면 그 분야의 진입장벽이 높다거나 또는 진입장벽이 높지 않다고 하더라도 법적 문제

가 별로 발생되지 않는 분야라는 말이 된다. 특정 분야의 진입장벽이 높은 경우에는 그 분야에서 전문성을 쌓을 기회 자체가 적거나 기회가 있다고 하더라도 전문성을 쌓는데 오랜 시간이 소요된다. 반대로 법적 문제가 별로 발생되지 않아서 법률 시장의 크기가 작은 분야의 경우에는 변호사들이 굳이 전문성을 쌓을 유인이 없어서 희소성이 발생되는 것이므로 주의가 필요하다. 따라서 희소성이 있는 분야에 대한 전문성을 추구하더라도, ① 현 시점에서 그 분야의 법률 시장이 충분히 형성되어 있는지를 확인하고, ② 만약 현재는 법률 시장이 크지 않다고 하더라도 향후에는 커질 가능성이 있는지를 예측해보는 것이 중요하다. 그러나 이러한 예측이 틀릴 경우도 많을 것이므로, 차라리 희소성이 있는 분야 중에서도 내가 즐겁게 일할 수 있는 분야를 찾아보는 것이 나을 수도 있다. 즉, 지금은 법률 시장이 작으나 향후에는 커질 것으로 예상하고 희소성 있는 분야를 추구하면서, 특히 내가 잘 할 자신이 있고 즐겁게 일할 수 있는 분야를 선택하는 것을 고려해 보는 것도 필요한 것이다.

2.3. 고객에게 적정 수임료를 제시할 것

적정한 수임료를 산정할 수 있는 한 가지 방안에 대해서는 앞에서 자세히 설명하였다. 적정 수임료로 위임계약이 체결되어야 법률서비스가 종료된 후에 고객이 '바가지를 썼다'는 생각을 하지 않고 또한 재구매 의사 또는 주변 추천 의사를 갖게 될 가능성이 높아진다.

한 가지 주의할 부분은 어떤 법적분쟁이 소송으로 비화되기 직전 단계에 있는 경우, 변호사가 협상에 의한 해결과 소송에 의한 해결 중 어느 것을 제안할지 여부이다. 통상적으로 볼 때, 협상을 자문하는 경우보다 소송을 대리하는 경우에 수임료가 크게 높아지기 때문에, 경제적 측면으로만 보면 변호사는 소송에 의한 해결을 권할 유인이 커지게 된다. 그런데 일반인이 어떤 물건이나 서비스를 구매하고자 할 때 상대 업체가 비싼 것을 권하게 되면 일단 의심부터 하게 된다. 이런 점은 법률서비스의 경우에도 마찬가지일 것이다.

따라서, 사안에 따라서 우선적으로 협상을 시도해 보는 것이 비용과 효과 측면에서 고객에게 더 유리하다고 판단되는 경우에는 소송보다 협상에 의한 해결을 권함으로써 고객의 신뢰를 얻고 나아가 재구매 또는 주변 추천 의사를 확보할 수 있을 것이다. 아니면 소송으로 진행하는 경우의 장·단점과 협상으로 진행하는 경우의 장·단점을 비교하여 설명해주는 것도 괜찮은 방법이 될 수 있다. 고객의 입장에서 볼 때, 소송 제기로 인해 고객이 들여야 할 각종 비용과 시간, 소송으로 인해 장기간 겪을 스트레스 등을 고려할 때 최선의 해결책은 소송보다 합의인 경우도 더러 존재한다.

2.4. (주변 지인 추천의 측면에서) 나의 법률 업무를 경험한 사람을 최대한 늘려야 함

아무리 인터넷 광고가 활발하다고 하더라도, 주변 지인의 추천이 변호사 선임에 있어서 여전히 1, 2위를 다투는 중요한 방법임에는 틀림없다. 앞에서 강조하여 설명하였듯이, 단순히 나라는 사람을 알고 있는 차원을 넘어서서 내가 법률 업무를 어떻게 수행하는지를 직접 경험해 보고 만족했던 사람이 주변 지인에게 나를 추천할 때 수임 가능성은 매우 높아지게 된다. 이러한 차원에서 볼 때 정부부처나 공공기관, 지방자치단체의 작은 위원회라고 하더라도 거기에 참석하여 나의 성실하고 꼼꼼한 업무 스타일을 주변 사람들에게 부여줄 필요가 있고, 또한 개업 초기에는 필요에 따리 단기간 동안 의도적으로 저가 수임을 해 볼 필요도 있는 것이다.

한편, 나의 법률 업무를 경험할 대상을 누구로 삼을지가 문제될 수 있다. 이러한 경우에는 내가 주된 고객으로 삼고자 하는 사람들이 어떤 환경에서 어떤 문제를 가지고 어떤 형태의 법률서비스를 필요로 할지에 대해서 지속적으로 고민하는 것이 필요하다. 그러한 특정 고객의 나이, 성별, 그가 평소에 신경쓰는 문제, 그의 온라인 또는 오프라인 상에서의 활동 범위, 관심 분야 등을 구체적으로 상정한 후, 이 고객을 만나기 위해 온, 오프라인에서 어떤 방법을 사용해야 할지를 고민해보는 이른바 '페르소나' 마케팅은 이미 국내, 해외의 변호사 마케팅 관련 서적에서도 제시된 바가 있다.33) 또한, 이와 유사한 맥락에서 잠재고객의 리스트를 확보하여 잠재고객들과 접촉할 수 있는 방법을 마련하는 것이 강조되기도 한다.34)

2.5. (온라인 매체 검색의 측면에서) 자신이 수행했던 업무들을 온라인에서 적극 홍보할 것

이 책의 서두에서 설명하였듯이 변호사업은 비밀성이라는 특성을 가진다. 따라서 고객들이 인터넷에 체험 후기의 형태로 자세한 글을 남기는 데에는 일정한 한계가 존재하고, 변호사 스스로도 고객의 비밀을 보호해야 하기 때문에 수행했던 업무들을 가감없이 온라인에 공개하는 것도 불가능하다. 따라서 변호사로서는 자신이 수행했던 업무들을 웹사이트, 블로그 등에 업로드할 때는 의뢰인의 명칭과 그 비밀을 보호하는 한도 내에서(대한변호사협회 '변호사 광고에 관한 규정' 제4조 제8호 참조) 주로 법률적인 문제에 대해서 작성하는 것이 필요할 것이다.

그렇다면 어떤 글을 써야하는 지가 문제될 수 있는데, 이 부분에 대해서는 뒤의 각론 부분에서 자세히 살펴보겠지만 고객에게 실질적으로 도움이 되는 정보를 업로드하는 것이 적절하다고 생각된다. 예를 들어 자신이 주택 임대차 문제와 관련된 소송이나 자문을 수행하면서 매우 찾기 어려운 하급심 판결을 찾았다고 할 때, 그러한 판결을 제시하면서 특정 사안에서는 이렇게 대처하는 것이 법률적으로 유리하다는 식으로 내용을 구성할 수 있을 것이다. 물론, 그렇게 어렵게 찾은 판결을 공개하면 오히려 나만의 노하우를 밝히는 것이 되어 수임에 악영향을 줄 수 있다는 생각을 할 수도 있고 그것이 현실적으로 맞는 경우도 있다. 그러나, 내가 찾은 판결과 유사한 상황에 처한 고객의 입장에서는 그런 판결을 근거로 해결책을 제시한 나의 전문성을 믿고 나에게 상담을 요청할 수도 있다. 실제로 우리 사무소의 경우에도 블로그 게시글을 보고 전화를 하는 고객들 중에 '다른 블로그 글도 여러 개 읽어봤는데 여기가 제일 자세하게 잘 써놨다'라고 얘기하는 경우가 종종 있었다. 따라서 나의 가장 핵심적인 노하우는 보호하되, 그 이외에 내가 가지고 있는 법률적 정보는 최대한 공개하는 것이 필요할 것이다.

2.6. 국가기관 및 공공기관의 고문변호사, 각종 위원회에 적극 지원할 것

앞서 설명하였듯이, 국가기관, 지방자치단체, 공공기관의 고문변호사 또는 각종 위원회의 위원이 되면 이는 ① 정기자문으로 이어져서 안정적인 수임처가 될 수 있고, ② 그 분야의 전문성을 쌓을 수 있는 기회도 되며, ③ 그러한 경력이 개인이나 기업에게 신뢰감을 줄 수 있고, ④ 공익을 위해 일한다는 보람도 느낄 수 있다.

이와 관련하여 "(위원회의 활동이) 정기적인 자문이나 강의로 이어지는 경우가 많고, 경력상 위원회 활동이 도움이 된다. 그리고 위원회의 활동 중 다양한 사건 사례를 접하게 되고, 해당 사건의 프로세스를 알게 된다"는 경험담을 밝힌 변호사도 있는데,[35] 이 의견에 전적으로 동의한다.

고문변호사나 위원회 위원으로 지원하기 위한 구체적인 방법에 대해서는 뒤의 각론 부분에서 자세히 살펴보도록 하겠다.

2.7. 마케팅·홍보의 효과를 지속적으로 체크할 것

최근에 변호사 마케팅이 중요해짐에 따라 법무법인 또는 변호사마다 마케팅 또는 홍보를 위해 많은 비용을 투입하고 있고 이에 대한 우려도 존재한다.[36] 그러나 고객들 중 다수가 온라인 매체를 통해서 변호사를 선임하고 있는 현실상 변호사들이 온라인 매체를 통한 마케팅과 홍보를 등한시할 수 없는 것도 사실이다. 따라서 마케팅과 홍보에 있어서 적정한 시간과 비용을 투입하는 것이 중요하다. 즉, 투자 대비 수익률(Return on Investment, ROI)을 반드시 고려해 볼 필요가 있는 것이다.[37]

우선 적정한 '투자', 즉 비용이 어느 정도 선인지가 문제되는데 마케팅 및 홍보를 위한 적정한 비용이 매출액 대비 어느 정도의 비율이 될지는 일률적으로 얘기하기 어렵다. 계산 근거가 제시되지는 않았으나, 어떤 미국 컨설턴트는 로펌은 전체 매출액의 2.5% 내지 5%를 마케팅에 투입해야 한다고 주장하기도 하였다.[38] 만약 이러한 기준이 맞다면, 개업 변호사의 경우에는 전체 매출액의 2.5% 내지 5% 범위를 마케팅 및 홍보에 투입하고, 여기에 더하여 자신의 전체 업무시간 중 2.5% 내지 5%를 마케팅 및 홍보에 투입하는 것을 생각해 볼 수 있을 것이다. 그리고 1개월당 또는 1일당 마케팅과 홍보에 투입할 시간과 비용의 상한선을 정해놓고 이를 초과하지 않도록 하는 것도 필요할 것이다. 또한 앞서 온라인 매체를 통한 수임 부분에서 설명하였듯이 매월마다 온라인 매체를 통한 수임비율이 얼마나 되는지 확인하여 매월의 ROI를 지속적으로 산정하고 그 추이를 지켜보는 것이 필요하다.

| 마케팅·홍보 비용에 대한 ROI 체크 방법 |

① 1개월마다 마케팅·홍보 비용 상한 초과 여부를 확인
② 1개월마다 마케팅·홍보 투입 시간 상한 초과 여부를 확인
③ 1개월마다 전체 투입비용{=마케팅·홍보 비용 + 마케팅·홍보 투입 시간 기회비용(=변호사 투입시간 X 1시간당 수임료)} 대비 온라인 매체를 통한 수임 금액 산정

참고로 2016년에 미국에서 변호사들과 로펌 내 마케팅 담당 직원들을 대상으로 수행된 설문조사에서 응답자의 42.06%가 마케

팅 노력은 보통 효과가 없다(not compensated)고 답변했고 26.19%가 가끔 효과가 있다(sometimes compensated)고 답변했다.39) 응답자들의 답변이 객관적인 데이터에 근거한 것이 아니라 주관적인 평가에 근거한 것이라는 한계는 있기는 하나 어쨌든 마케팅에 있어서 투입된 시간과 비용 대비 효과가 썩 좋지 않다는 느낌을 받고 있다는 설문조사도 있으므로 과도한 비용과 시간이 마케팅 및 홍보에 투입되는 것을 주의할 필요가 있다.

2.8. 보론: 사무실의 위치

사무실의 위치가 갖는 중요성은 전보다 낮아졌다. 지금은 법원 근처에 위치한 변호사 사무실의 간판을 보고 찾아오는 이른바 워크인 고객이 과거에 비해 큰 폭으로 줄어들었다. 또한, 민사, 행정소송에서는 전자소송이 활용되고 있어서 민사, 행정소송을 주로 다루는 변호사들이 법원 근처에 사무실을 둘 유인도 줄어들었다. 2011년에 수행된 연구에서는 변호사를 선임할 때 사무실의 위치가 차지하는 비중이 1.6%로 조사되기도 하였다.40) 상식적으로 생각해보더라도 일반인들은 소문난 맛집이나 카페에 가기 위해 30분 또는 1시간을 이동하기도 한다. 그렇다면 만족스러운 법률서비스를 제공해 줄 변호사를 찾기 위해서 일반인들은 그보다 더 많은 시간을 투자할 준비가 되어 있을 것이다. 대형로펌들 중 상당수가 현재는 법원이 없는 서울 종로구 또는 중구에 위치해 있는 것은 시

사하는 바가 크다(참고로 당초에 서울 중구 서소문동에 위치했던 서울고등법원, 서울민사지방법원, 서울형사지방법원, 서울가정법원, 서울고등검찰청, 서울지방검찰청은 1989년 7월 및 8월에 현재의 서울 강남구 서초동 부지로 이전하였고,[41] 대법원과 대검찰청은 1995년에 서초동 부지로 이전하였다.[42]).

물론 고객에 따라서는 변호사 사무실의 위치를 중요시할 수도 있다. 최근의 책에서 어떤 변호사는 "생각보다 의뢰인들은 "왜 변호사 사무실이 법원 -특히 서초동- 근처가 아니냐."는 질문을 많이 했고, 잠실이라고 하면 아예 찾아오지 않는 잠재적 의뢰인도 있었다"는 경험담을 밝혔다.[43] 이는 변호사 사무실의 위치가 일부 고객에게 신뢰의 문제로 다가올 수 있다는 것이 된다. 그러나 그러한 고객은 일부인 것 같다. 주관적인 경험이기는 하나, 우리 사무소의 경우에는 2022년 1월부터 수서역 부근에 위치해 있었는데 사무소의 위치로 인해 고객이 우리 사무소의 법률서비스 품질에 대해 불신을 가지는 경우는 적어도 우리가 아는 한은 없었다.

한편, 아무리 사무실 위치의 중요성이 과거에 비해 떨어졌다고 하더라도 사무실의 위치를 전략적으로 선택할 필요성은 여전히 존재한다.

| 사무실 위치의 전략적 선택 필요성 |

① 이동 시간 절약 및 의뢰인에 신뢰감을 부여하기 위한 경우
   (행정법원, 가정법원 주변 등)
② 고객이 위치하는 장소 부근을 선택하는 경우(공유오피스, 여의도 등)
③ 변호사가 별로 없는 지역을 선택하는 경우(무변촌 등)

사무실의 위치를 전략적으로 선택하는 경우는 첫 번째로 특정 법원의 근처에 사무실이 위치함으로써 변호사의 이동 시간을 절약하면서 동시에 의뢰인에게 신뢰를 주기 위한 경우를 들 수 있다. 예를 들어 행정사건을 전문으로 하여서 서울행정법원에 가야 할 일이 많은 경우, 가정사건을 전문으로 하여서 서울가정법원에 가야 할 일이 많은 경우 등에는 양재역 주변에서 사무실을 여는 것이 시간 절약에 도움이 될 것이다. 또한 의뢰인의 입장에서도 행정소송을 맡기고자 하는 경우에 서울행정법원 근처에 사무실이 있는 변호사가 전문성이 있다고 생각할 가능성이 높은 것이다.

두 번째로는 주된 고객이 위치하는 장소의 부근으로 사무실 위치를 전략적으로 선택하는 경우이다. 예를 들어, 공유오피스에 입주해 있는 기업들을 주로 자문하는 경우에 해당 공유오피스에서 변호사 사무실을 여는 경우이다. 또한, 금융 관련 사건을 전문으로

하는 변호사의 경우에는 금융 회사들이 모여 있는 여의도에 사무실을 열 필요도 있는 것이다.

세 번째는 변호사가 별로 없는 지역을 전략적으로 선택하는 경우이다. 2016년에 울릉도에서 처음으로 변호사 사무실을 열었던 변호사가 있는데, 그 변호사는 무변촌인 울릉도에 대한 법률 지원을 위해 그곳에서 사무실을 개업한 것이어서 마케팅의 측면에서 전략적으로 선택한 것은 아니다.44) 그러나, 변호사 마케팅과 희소성의 관점에서 하나의 사례로 분석해볼 필요가 있다. 즉, 2016년 5월을 기준으로 우리나라의 등록 변호사 숫자가 2만 1,042명이었고, 변호사 1인당 국민 수가 3,368명이었다.45) 그렇다면 기업이나 기관들은 제외할 때 평균적으로 변호사 1명당 3,368명의 잠재적인 고객을 가지게 된다는 의미가 된다. 그런데 울릉도의 2016년 기준 인구는 1만 124명이었으므로46) 울릉도에 변호사가 1명인 경우 잠재적인 고객이 1만 124명이 되고 이는 우리나라 전체 평균인 3,368명의 3배를 상회하게 된다. 물론 울릉도의 지역적 한계로 인해 기업 고객을 유치하는 것은 어려워서 그런 측면에서는 악영향이 있을 수 있다. 다만, 여기서 말하고자 하는 것은 사무실의 위치와 관련하여 변호사가 별로 없는 지역을 전략적으로 선택할 필요도 있다는 것이다.

실제로 설문조사를 통한 연구에서 여성보다 남성이, 남성 중에서도 20대보다 40대가 변호사 사무실에 대한 접근성을 더 중요한 요소로 고려한다는 결과가 나온 바도 있다.[47] 이러한 연구 결과는 아마도 40대의 바쁜 사회생활로 인해 시간을 아낄 수 있는 접근성이 고려된 것이 아닌가 한다. 같은 차원에서 "인근에 사는 주민, 직장인들이 포털 검색 등으로 가까운 법률사무소를 검색하고 찾아오기 때문에 점심시간이나 퇴근 후 귀가 전 저녁시간을 이용한 상담도 비중이 있는 편이다"라는 경험을 밝힌 변호사도 있다.[48]

IV (각론) 구체적인 마케팅·홍보 사례

앞에서는 마케팅·홍보 전략의 전체적인 원칙에 대해서 살펴보았다. 아래에서는 구체적인 사례 위주로 살펴보려고 하는데, ① 홈페이지 활용의 문제, ② 각종 온라인 플랫폼 활용의 문제, ③ 외부 강연 및 세미나 발표, ④ 자체 온라인·오프라인 법률세미나 개최, ⑤ 정기자문계약을 체결하기 위한 방법의 순서로 살펴보겠다.

| 구체적인 마케팅·홍보 사례 |

사례 1	홈페이지 활용의 문제
사례 2	각종 온라인 플랫폼 활용의 문제
사례 3	외부 강연 및 세미나 발표
사례 4	자체 온라인·오프라인 법률세미나 개최
사례 5	정기자문계약을 체결하기 위한 방법

1. 홈페이지 활용의 문제

■ 왜 홈페이지를 활용해야 하는가

　홈페이지는 고객들이 변호사를 찾을때 제일 먼저 찾아보는 것 중에 하나일 것이다. ○○○ 변호사를 검색했을 때 홈페이지를 찾을 수 없다면 가장 기본적인 변호사의 경력, 수행하는 업무들을 확인하기 어렵다. 따라서, 홈페이지는 고객에게 변호사의 정보를 제공하고 나아가 신뢰감을 줄 수 있는 대표적인 얼굴과도 같은 것이라고 할 수 있다.

■ 어떻게 만들 것인가

　앞에서 말한 '나의 현황 파악'이 잘 되었다면 나의 강점이 되는 분야를 강조하여 홈페이지를 제작한다. 예를 들어, 우리 홈페이지의 경우에는 사내 변호사 시절과 법무법인 변호사 시절에 수행했던 방위산업 및 항공산업을 강조하여 제작했다. 최근에는 수행하는 업무의 분야들이 다양해짐에 따라 홈페이지도 지속적으로 수정을 하고 있다.

아직 강점이 되는 분야를 찾지 못했다면 내가 잘하는 분야와 하고 싶은 분야를 더 고민해본다.

| 우리 사무소의 홈페이지 메인 화면 |

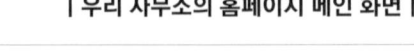

그리고 대형 로펌들의 홈페이지, 부티크 로펌들의 홈페이지, 나의 강점이 되는 분야의 로펌 홈페이지를 벤치마킹해 본다. 이 로펌

들이 나의 경쟁사라 생각하고 월 1회 정도(바쁘면 연 1회 정도)는 로펌들의 홈페이지에 접속하여 그들이 홈페이지 활용을 어떤 방법으로 하고 있는지 캐치한다. 1년에 한 번이라도 다른 로펌들의 홈페이지에 접속해서 살펴보면 작년 다르고 올해 다름을 알 수 있다. 다른 로펌들은 홈페이지를 꾸준하게 잘 활용하고 있다는 느낌을 받게 될 것이다. 이러한 벤치마킹 방법과 관련해서, 충주시 홍보맨으로 유명한 충주시청 공무원 김선태 주무관의 책 〈홍보의 신〉에서 나온 다음의 내용은 참고할만하다.[49]

"어떤 분야든 성공하는 데에 가장 쉬운 방법은 무엇일까요? 저는 일단 무조건 따라 하는 것이라고 생각합니다. 그렇다고 단순하게 남과 똑같이 하라는 말이 아닙니다. 본인만의 색깔을 살려야 합니다."

그리고, 이런 말도 있다. '하늘 아래 새로운 것은 없다.' 그래서, 다른 로펌의 홈페이지를 잘 벤치마킹하는 것이 필요하다.

온라인의 장점이 언제든 수정을 할 수 있는 것이기 때문에, 일단 벤치마킹하여 홈페이지를 제작해보고 지속적으로 관리하며 수정할 내용이 있으면 수정하며 관리하도록 한다.

■ 무슨 정보를 업로드할 것인가(변호사 소개, 소송/자문 사례,
  뉴스레터 등)

　위에서 캐치한 내용들이 있다면 홈페이지에 무슨 정보를 업로드할 것인지 어느 정도 느낌이 왔을 것이다. 홈페이지에 업로드할 정보들은 내가 꾸준하게 올릴 수 있는 정보들로 잘 선택해야 하며, 그래야 고객들이 홈페이지에 접속했을 때 여기는 살아있는 홈페이지(운영 중인 로펌)라고 느낄 것이다. 홈페이지에 글을 꾸준하게 업로드하지 않게 된다면 고객들은 "뭐야? 2년 전에 올라온 글이 마지막이네? 여기 변호사(로펌) 망했나?"라고 생각하며 홈페이지를 닫고 다른 로펌을 찾을 수도 있다.

　우리 사무소의 경우에는 변호사 소개 페이지에 경력과 주요 업무 사례를 꾸준히 업데이트하며 입력하고 있고 업무 사례 및 법률 정보 게시판에 승소 사례, 자문 사례, 법률 정보 게시글들도 지속적으로 작성하여 업로드하고 있다.

| 우리 사무소 홈페이지의 업무 사례 화면 |

법률사무소 K-SPACE(케이 스페이스)
업무 사례 및 법률 정보

NO	카테고리	제목	작성일
110	법률 정보	[기타 사건] 지적재조사 조정금 납부의무는 상속되나요?	2025.03.06
109	법률 정보	[상가, 주택 법률문제] 상가의 관리비는 임대인이 임의로 증액할 수 있을까요?	2025.02.20
108	법률 정보	[기타 사건] 지적재조사 사업의 이의신청 절차	2025.02.06
107	소송	[기타 사건, 승소사례] 환지예정지 변경처분 취소소송 승소사례	2025.02.03
106	민물 저분	[기타 사건] 지적재조사 경계결정 관련 주요 판결	2025.01.23
105	법률 정보	[기타 사건] 공무원 징계에서 반성(개전의 정)의 문제	2025.01.20
104	법률 정보	[교회법] 교회의 부동산 취득과 취득세 추징 문제	2025.01.17
103	소송	[기타 사건, 승소사례] 이메일을 계약으로 볼 수 있는지 여부	2025.01.16

‹ ‹ 1 2 3 4 5 › ›

■ 홈페이지를 통해 구체적인 마케팅·홍보 효과를 확보할 수 있는가

홈페이지에 여러가지 정보들을 업로드했다고 끝이 아니다. 고객들의 홈페이지 방문경로, 방문 검색어를 주기적으로 확인하여 고객들이 홈페이지의 어떤 정보를 보러 찾아왔는지 파악하는 것도 중요하다.

대표적으로 네이버 애널리틱스, 구글 애널리틱스를 통해 분석이 가능하고 홈페이지의 관리자 페이지를 통해 더 쉽게 유입 분석을 확인할 수 있다.

| 우리 사무소 홈페이지의 2024년 12월 4일 기준 최근 30일 유입검색어 분석 재구성 |

순위	검색어	비율
1	(다이렉트 접속)	14.98%
2	교회 목사님 퇴직금 지급?	4.56%
3	법률사무소 케이스페이스	2.61%
4	근로기준법은 교회법	2.61%
5	강두원변호사	2.28%
6	건물내동종업종 제한 진료과목	1.30%
7	독점상가법	1.30%
8	부정당업자제재 과징금	1.30%
9	dpas	0.98%
10	강두원 변호사	0.98%

고객들이 많이 찾는 검색어를 활용하여 홈페이지에 정보를 꾸준히 업로드하면 된다.

2. 각종 온라인 플랫폼 활용의 문제

■ 왜 온라인 플랫폼을 활용해야 하는가

고객들은 온라인을 통해 법률 정보를 얻고자 한다. 무슨 일이 생기거나 궁금한 것이 생겼을 때 빨리 찾을 수 있는 방법이 포털 사이트 검색이다. 그 중 제일 먼저 활용하는 것이 네이버 검색창일 것이다. 물론 기존에 운영 중인 홈페이지를 계속해서 활용할 수도 있을 것이나, 자체 홈페이지의 게시글은 네이버, 다음 등 포털사이트의 검색에서 노출이 되기 어렵다는 문제점이 있다.

그런 차원에서, 온라인 플랫폼을 다양하게 활용하여 관리하고 있어야 검색했을 때 고객들의 눈에 띌 수 있다.

■ 어떤 플랫폼을 선택할 것인가

우리가 활용할 수 있는 온라인 플랫폼은 네이버 키워드 광고, 카카오 키워드 광고, 구글 애즈, 유튜브, 네이버 블로그, 카카오 채널, 당근, 링크드인 등이 있다.

네이버나 카카오의 키워드 광고는 높은 금액으로 입찰할수록 광고 자리 최상단에 노출될 수 있어서 고객들의 눈에 띄는 게 제일 쉽지만 그만큼 광고 비용을 많이 소모하게 된다.

그래서 우리 사무소의 경우에는 키워드 광고 입찰 비용을 최소한으로 쓰는 대신에 새로운 키워드를 지속적으로 발굴하면서 네이버 블로그에 시간을 투자하기로 했다. 법률과 같은 전문지식이 문제되는 소비자들은 네이버 블로그에 작성된 글을 많이 참고하기 때문이다.

■ 어떻게 만들 것인가

내가 제일 쉽게 시작할 수 있는 플랫폼부터 하나씩 하나씩 시작한다. 사실 처음해보는 경우 어느 하나 쉬운 플랫폼이 없지만, 내가 직접 활용해보면서 플랫폼의 흐름을 조금이라도 알고 있어야 직원이든 마케팅 업체든 업무를 지시하고 맡기는 게 수월하다.

우리 사무소는 네이버 블로그를 처음 만들었을 때, 홈페이지에 사용된 카테고리를 그대로 적용시켜 만들었다가 사무소의 주요 업무 분야가 변경될 때마다 블로그의 카테고리도 함께 변경하면서 게시하는 정보들도 바뀌게 되었다.

| 우리 사무소의 네이버 블로그 메인 화면 |

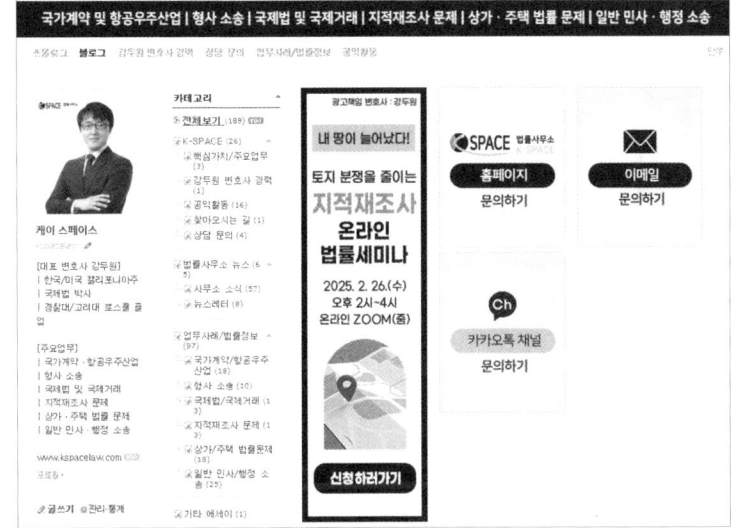

■ 무슨 정보를 업로드할 것인가

블로그 게시글에는 홈페이지에 업로드 했던 정보들을 토대로 동일한 분야의 정보들을 꾸준하게 업로드하면 되는데, 우리 사무소의 경우에는 블로그 운영 초기에는 주로 사무소 소식이나 소송 및 자문 사례들을 간략하게 작성하여 업로드 했었다. 그러다가 소송 및 자문 사례뿐만 아니라, 소송이나 자문을 하는 과정에서 상세히 검토하게 된 법률 정보에 대한 장문의 글도 지속적으로 업로드하기 시작했다. 블로그 광고 업체를 통하지 않고 변호사가 직접 시간과 정성을 들여 작성한 글에는 전문성이 들어가 있기 때문에 그 게시글을 읽고 문의 전화와 수임까지 이어지는 경우가 많아졌다.

실제로 우리 사무소로 문의 전화를 주시는 고객들 중에서 다른 블로그 글들보다 자세하게 쓰여 있어서 전화를 하게 되었다는 분들이 점점 늘어나고 있는 중이다.

■ 각종 플랫폼을 통해 구체적인 마케팅·홍보 효과를 확보할 수 있는가

홈페이지와 마찬가지로 플랫폼에서 제공하는 방문경로, 방문검색어를 주기적으로 확인하여 고객들이 어떤 법률 문제를 가지고 검색하는지 파악한다. 고객들이 많이 찾는 키워드가 있다면 그 분야에 대한 정보를 꾸준히 업로드하고 더 적극적으로 광고한다.

| 우리 사무소 네이버 블로그의 2025년 1월 유입검색어 분석 재구성 |

순위	검색어	비율
1	지적재조사사업	2.84%
2	공무원 징계시효	1.98%
3	과업내용서	0.86%
4	목사 퇴직금	0.86%
5	DPAS	0.80%
6	지적재조사 조정금	0.75%
7	dpas	0.59%

우리 사무소는 홈페이지와 마찬가지로 플랫폼들의 유입 검색어를 주기적으로 확인하고 파악한다. 우리 사무소는 네이버 블로그의 각 게시글 조회수 통계, 업무 분야별 전화 문의 건수 등을 지속적으로 확인하면서 조회수가 높은 게시글과 문의 전화가 많이 오는 분야에 대한 내용으로 게시글 업로드를 확대해 나가고 있다.

네이버 블로그의 조회수 통계는 매월 첫째 주마다 집계하여 분석하고 있고, 전화 문의 건수는 매주 집계하여 고객들의 관심도가 높은 분야에 대한 게시글을 더 자주 게시하고 있다.

이러한 방법으로 신규 전화 문의 건수 대비 약 20%가 실제 수임으로 연결되었다. 수임 건수를 높이기 위해서는 신규 전화 문의 건수가 많아져야 하고 그러한 결과는 블로그 게시글의 조회수를 높이는 것과 연결된다는 것을 확인하였다.

| 게시글 증가와 수임 건수 증가의 인과관계 |

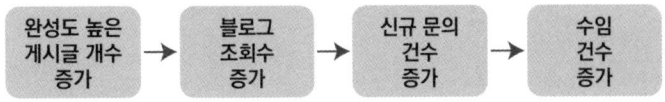

3. 외부 강연 및 세미나 발표

■ 왜 외부 강연 및 세미나 발표를 해야 하는가

　외부에서 강연 및 세미나 발표를 하게 되는 상황이라면, 일단 나의 전문분야 또는 내가 잘 알고 있거나 관심 있는 분야의 내용으로 할 가능성이 높은 편이다. 타인의 강연 및 발표 청취 과정에서 나의 전문성이 향상될 수 있지만, 내가 직접 강연이나 발표를 하는 경우에는 ① 사전 준비 과정에서 많은 공부를 하게 되고, 또한 질의응답을 거치면서 여러 가지 실제 사례나 깊이 있는 의견을 청취할 수 있으므로 해당 분야의 전문성이 크게 향상될 수 있으며, ② 참석자들에게 나의 전문성을 홍보하는 기회가 되기도 한다. ③ 더불어 참석 과정에서 해당 전문 분야와 관련된 인적 네트워크까지 형성할 수 있으며, ④ 뒤에서 언급하듯이 뉴스기사 노출의 기회가 생기거나 자체 홍보 게시글의 소재를 만들 수도 있다. ⑤ 마지막으로, 꼭 마케팅·홍보 차원이 아니더라도 내가 좋아하는 주제에 대한 외부 강연이나 발표는 공익적 차원 또는 자아실현의 측면에서 내면적인 만족감을 주기도 한다.

■ 어떤 행사를 선택할 것인가

처음에는 어떤 외부 행사에 어떻게 참여해야 하는지 몰라서 막막할 수도 있다. 시작하는 단계에서는 큰 규모의 행사가 아니더라도 변호사 사무소가 있는 지역의 주민센터나 노인복지관 등에서 지역 주민들을 위한 소규모 법률 강연을 시도해 볼 수 있다. 또한, 규모가 큰 학회 행사의 경우에는 단독 발표가 아닌 지정토론자로 참석하는 것부터 시작하여 나중에 주제 발표까지 시도해볼 수 있다.

■ 실제 사례

우리 사무소의 경우에는 최초에는 공익활동 차원에서 성남시 태평동 지역의 주민들을 대상으로 무료 생활법률 강의를 몇 차례 진행하게 되었다. 이후에 우리 사무소가 위치해 있는 동, 구 등 지방자치단체에서 운영하는 평생학습센터나 복지관 등에서 주민들을 위해 진행하고 있는 강의들이 있는지 찾아본 후에, 강의계획안과 강사 이력서를 작성하여 직접 제안 메일을 발송하고 유선전화로 담당자와 통화하며 적극적으로 어필하였다. 평생학습센터에서 주민들을 대상으로 진행한 법률 강연의 반응이 좋아서 첫 강연 이후에는 센터에서 먼저 2회차 법률 강연을 제안하는 연락이 왔고, 2회차 법률 강연의 수강 신청자 정원수는 더 늘어나기도 했다.

또한, 위와 같이 지역주민들을 대상으로 상속, 임대차 등과 관련된 생활 법률강의를 많이 하다보니 우리 사무소 홈페이지와 블로그에 게시한 글을 보고 외부 기관에서 강연 요청이 들어오기도 하였다. 특히, 유언 및 상속과 관련하여서는 성남, 용인, 안산, 의왕 등에 위치한 노인복지관이나 기타 기관에서 다수의 강연을 하게 되었다.

그 외에 특정 분야에 대한 정기자문을 하는 과정에서 그 분야와 관련된 포럼이나 행사의 강연자 내지는 토론자로 초청되는 기회가 생기기도 한다. 예를 들어, 우리 사무소는 최근 각광받고 있는 '지역 경제 활성화'의 일환인 '로컬 크리에이터 산업'과 관련된 업무들을 하고 있는데, 그와 관련된 교육 프로그램이나 행사의 강연자·토론자로 초청을 받기도 하였다.

학회의 경우에는 강두원 변호사가 박사학위를 취득한 국제법 분야와 관련하여 학술대회에 발표자나 지정토론자로 참석하였다. 또한 우리 사무소가 주된 업무 범위로 삼고 있는 항공우주산업과 관련하여서도 관련 학회의 세미나에서 발표자나 지정토론자로 참석하였다. 학회의 경우에는 다소 폐쇄된 방식으로 운영되는 경우도 많으므로, 학회에 가입하면서 자신의 경력과 수행 업무들이 해당 학회와 어떤 관련이 있는지 자세히 설명하는 것이 필요하다.

■ 외부 강연 및 세미나 통해 구체적인 마케팅·홍보 효과를 확보할 수 있는가

 이러한 외부 강연이나 세미나 발표가 마케팅과 홍보에 얼마나 도움이 되는지를 수치적 또는 계량적으로 말하기는 어렵다. 강연료 자체는 교통비 성격으로 지급되므로 매출에 큰 도움이 된다고 보기는 어렵고, 또한 외부 강연이나 세미나 발표 준비를 위해서는 상당히 많은 시간이 투입되는 것도 사실이어서 과연 투입 대비 효과가 있는 것이 맞는지에 대한 의구심이 들 수도 있다. 그러나, 특정 분야에 대한 변호사로서의 전문성은 ① 해당 분야의 용어와 절차에 대한 이해, ② 해당 분야와 관련된 법령 규정, 판례의 숙지, ③ 해당 분야에 소속된 사람들과의 인적 네트워크 구축을 통해 확보된다고 할 때, 외부 강연이나 세미나 발표는 이러한 3가지를 얻을 수 있는 중요한 통로가 될 수 있다.

 더불어, 이렇게 참여한 외부 강연 및 세미나들 중 규모가 큰 학회의 행사들은 행사 전과 후에 보도자료가 게재되는데 이 보도자료를 통해서 내 이름이 언론에 노출될 가능성이 생기고, 이 보도자료를 활용하여 사무소의 홈페이지와 블로그 등에 홍보 소재로 사용할 수 있다. 보도자료가 게재되지 않는 소규모 강연이라고 하더라도 사무소의 홈페이지와 블로그 등에 자체적으로 홍보 게시글을 작성하는 방법도 있다. 강연을 했던 기관의 담당자에게 강연 당시에 촬영된 사진을 요청해서 받은 후 홍보 게시글과 함께 올려두면 더 효과가 좋다. 실제로 생활법률 강의에 대한 게시글을 보고 여러 복지관에서 강연 문의 연락이 왔고, 매년 꾸준히 주민들을 위해 강연을 진행하고 있다.

외부 강연 및 세미나에 얼마나 자주 참석해야 하는지에 대해서는 일률적으로 말하기 어렵지만, 분기별 1회 정도는 괜찮을 것 같다.

4. 자체 온라인·오프라인 법률세미나 개최

■ 왜 자체 법률세미나를 개최해야 하는가

앞에서는 외부에서 열리는 강연이나 세미나에 참여할 필요성에 대해 설명하였다면, 여기에서는 법률사무소의 자체적인 법률세미나에 대해서 설명하고자 한다. 대형 법무법인들은 한 달에도 수 회씩 자체 세미나실 또는 외부 장소에서 세미나를 개최하고 있다. 세미나를 진행하게 되면 우선 언론에 노출이 되고 언론의 보도자료를 통해 관련 업계의 기업이나 개인들을 대상으로 자연스러운 홍보로 이어지게 된다. 고객들은 변호사의 홈페이지 게시글이나 블로그 게시글보다는 언론에 보도된 기사를 더 신뢰하는 경향이 있기 때문에 이러한 법률세미나 개최를 통한 언론 노출은 마케팅·홍보에 있어서 큰 의미를 갖게 된다. 그리고 세미나의 발표자료를 준비하면서 관련 업계의 법률적 지식을 한층 더 깊게 습득할 수 있게 된다.

■ 어떤 주제로, 누구를 상대로 세미나를 개최할 것인가

　법률세미나를 개최해야겠다고 마음을 먹을 정도라면 내가 어떤 주제로 세미나를 할지 감이 왔을 것이다. 기존에 소송, 자문 등 한 번이라도 해봤던 주제로 정하면 세미나를 준비하는 시간이 많이 줄어들 것이다(세미나의 발표 자료를 준비하는 시간이 꽤 오래 소요된다).
　법률세미나의 주제가 정해지면 자연스럽게 세미나의 대상도 정해질 것이다. 반대로 세미나의 대상이 먼저 정해졌다면 그 대상에 맞는 세미나 주제가 정해질 것이다. 우리 사무소의 경우에는 주제가 먼저 정해진 세미나가 대부분이다. 소송과 자문을 진행하다가 세미나의 필요성이 느껴졌기 때문이다.

■ 유사한 세미나가 있었는가

　세미나 기획 단계에서 유사한 세미나가 진행된 적이 있었는지, 진행된 적이 있었다면 세미나 주제, 일시 등을 참고해 볼 수 있다. 우리 사무소에서 진행했던 세미나들 중 약사분들을 대상으로 했던 세미나는 토요일 오후 4시에 진행되었다. 약사분들의 약국 영업 시간을 생각해서 기획했던 것이다.

■ 세미나에서 누가 발표를 할 것인가

세미나는 1부와 2부로 나눠 쉬는 시간까지 포함해야 참석자들이 지루해하지 않고 끝까지 들어준다. 1부는 소속 변호사가, 2부는 다른 전문가를 초빙하여 발표하는 방법도 있고 1부와 2부 전부를 소속 변호사가 발표하는 방법도 있다. 다른 전문가를 초빙할 경우 강의료를 지급해야 하므로 사무소의 사정에 맞게 잘 계획해야 한다.

| 우리 사무소가 2022년 6월 21일에 개최했던 온라인 법률세미나의 포스터 |

일정	2022년 6월 21일 (화) 14:00-16:00
장소	ZOOM (온라인만 진행) 세미나 당일 Zoom 접속 링크 문자 및 이메일 발송
대상	로컬 콘텐츠 분야의 문화예술 전문 기업 및 로컬 크리에이터들
비용	무료
신청	이벤터스를 통한 온라인 접수 2022년 4월 28일 (목) 11:00부터 - 6월 21일 (화) 12:00까지

세미나 타임 테이블

14:00-14:05	ZOOM 입장 및 개회사
14:05-14:35	[1부] 로컬 콘텐츠 사업의 비즈니스 모델화 방안
14:35-14:40	휴식
14:40-15:10	[2부] 로컬 크리에이터의 계약 체결시 주요 이슈
15:10-15:15	휴식
15:15-15:45	[3부] 로컬 크리에이터에게 문제되는 저작권 등 지식재산권 이슈
15:45-16:00	질의응답

■ 온라인으로 할 것인가, 오프라인으로 할 것인가, 병행할 것인가

　세미나의 주제에 따라 온라인 세미나를 할지, 오프라인 세미나를 할지, 병행 세미나를 할지 선택해야 한다. 코로나 시기를 겪으면서 온라인 세미나가 많이 생겨났고 참석자들도 온라인 세미나 참석을 어렵지 않게 생각한다. 온라인으로 진행하면 다른 지역에 있는 대상들도 쉽게 참석을 할 수 있다. 실제로 우리 사무소는 온라인 세미나를 더 많이 진행했는데 참석자들이 온라인 세미나에 접속하는 것을 어려워하는 경우는 없었다.

　질의응답 시간의 질문은 세미나 신청 단계에서 세미나 신청자들로부터 사전에 받아두면 세미나 준비 단계에서 미리 검토할 시간을 충분히 가질 수 있다. 법률 질문의 경우 질문의 양이 많기 때문에 미리 검토할 시간을 가지고 답변을 해주면 질문자들도 만족스러워한다. 간혹, 세미나 내용을 들어본 후에 질문을 하겠다는 분들도 있으니 세미나 발표자료를 준비하면서 예상 질문을 떠올리며 되도록 많이 조사를 해둘 필요가 있다.

■ 세미나를 어떻게 홍보할 것인가(신문기사 제보, 각종 플랫폼 홍보 등)

　세미나 기획을 토대로 홍보 포스터가 만들어졌으면 사무소 홈페이지에 우선적으로 업로드하고, 각종 플랫폼에도 업로드하여 홍보를 시작한다. 세미나의 예산에서 광고비를 사용할 수 있으면 광고를 진행하고, 예산이 충분하지 않다면 언론사에 기사제보를 요청한다. 위에서 예를 들었던 약사분들을 대상으로 진행했던 세미나의 경우 의약 관련 온라인 언론사들에 기사제보를 하였고, 그 중 기사를 게재해 준 기자가 직접 세미나에 참석하여 후속 기사까지 게재해준 사례도 있었다.

| 데일리팜, 2022. 2. 28.자 뉴스기사 |

■ 세미나 종료 후에 처리해야할 문제(책자 작성, 만족도 조사, 자체 피드백 등)

　세미나 종료 후에도 처리해야 할 사항들이 여러 가지가 있다. 질의응답 시간이 부족하여 답변을 다 못해드렸을 경우 빠른 시일내로 답변을 드릴 수 있도록 한다.

　세미나 발표자료를 보내달라고 요청하는 분들도 꽤 있는데 우리 사무소의 경우는 책자로 제작하여 우편으로 발송해드리고 있다. 종료 후 세미나 만족도 조사를 하면서 발표자료집을 받고 싶은 분들은 주소를 작성하실 수 있게 문항을 만들어 두면 된다. 세미나 만족도 조사까지 끝났다면 내부적으로 세미나 개선점을 작성하여 다음 세미나 때 반영할 수 있도록 한다. 세미나 결과에 대해서는 언론사에 보도자료를 배포한다.

5. 정기자문 계약을 체결하기 위한 방법

5.1. 기업과의 정기자문 계약

■ 그 분야에서 전문성을 인정받고, 고객과 신뢰관계를 구축하고 있는가

일반 기업들과의 정기자문계약은 지인 소개를 통한 경우가 많다. 소개를 받았을 때 나의 전문 분야에 대해 강조를 하고 고객이 의뢰하려는 분야에 대한 자문 경험이 많다는 것을 어필하여 전문성과 신뢰성을 높인다. 우리 사무소와 자문계약을 체결했던 기업의 소개를 통해 자문계약이 체결된 경우도 있다.

소개를 통하지 않은 신규 자문 업체 발굴을 위해 우리 사무소는 페르소나(Persona) 모델링, 해당 산업의 주요 기업 현황 정리, 제안서 작성 등을 해보며 미리 준비를 했다.

- 페르소나(Persona) 모델링: 우리 사무소와 정기자문계약을 체결할 업체의 산업 분야 직업군을 대표하여 가상의 인물을 만든다. 구글에서 "페르소나 예시"라고 검색하면 다양한 가상 인물들이

나오니 참고하여 각자 사무소에 맞는 가상 인물을 만들어 보도록 한다.

- 해당 산업의 주요 기업 현황 정리: 우리 사무소의 정기자문기업이 될 해당 산업 주요 기업들의 최근 3년간 매출액을 정리하였다. 구글에서 "OOO 매출액 사람인", "OOO 매출액 잡코리아"라고 검색하면 매출액 정보를 쉽게 찾을 수 있다. 매출액을 찾아보는 이유가 있다. 매출액이 낮은 기업의 경영자들 중에는 법률자문을 불필요한 비용으로 생각하는 경우도 있기 때문이다. 어느 정도 매출액이 되어야 법률자문의 필요성이 생기고, 법률자문이 필요한 기업들을 대상으로 법률자문계약 제안을 할 수 있다. 제안의 기준은 매출액 자료를 먼저 정리한 후 설정하면 된다.

- 제안서 작성: 매출액 기준으로 정리된 기업 현황을 토대로 제안할 기업들이 정해졌다면 해당 산업 분야에 맞게 제안서를 작성해본다. 앞에 우리 사무소 홈페이지를 제작할 때처럼 제안할 기업의 홈페이지에 접속하여 해당 기업에 대해 알아둘 필요가 있다. 그 이후에 세미나, 전시행사 등을 통해서 그 기업과 접촉할 기회가 생기면 그 이후에 제안서를 발송한다.

5.2. 공공기관과의 정기자문 계약

공공기관과의 정기자문은 고문변호사 또는 자문변호사 모집공고에 직접 지원을 해서 위촉이 되면 할 수 있다. 위촉기간은 대부분 2년 단위이고, 1년 단위이거나 몇 개월 단위로 위촉되는 경우도 간혹 있다.

공공기관의 정기자문을 잘 수행하다보면 기존에 위촉되어 있던 공공기관에서 관련 분야의 다른 공공기관에게 단기 자문 건을 추천해 주는 경우도 있다. 우리 사무소의 경우에도 고문변호사 활동을 하고 있는 공공기관에서 관련 분야의 다른 공공기관에게 법률자문 추천을 해줘서 연결된 경우도 있었다.

공공기관의 고문변호사 모집공고는 주 1회 정도 직접 검색해서 찾는 방법이 있다. 모든 공공기관의 홈페이지에 들어가서 모집공고를 찾을 수는 없으니 구글과 네이버에서 검색 옵션을 1주일로 하여 매주 검색한다.

| 공공기관 법률고문 공고문 재구성 |

○○○○부 고문변호사 모집 공고

1. 모집개요
n 모집인원 : 00명
n 위촉기간 : 위촉일로부터 2년
n 직무 내용
   가. ○○○○부 관련 소송사건에 관한 사항
   나. 법령의 해석·적용에 관한 사항
   다. 법령 등의 제·개정에 관한 사항
   라. 계약서 등 주요 서류의 검토·작성에 관한 사항
   마. 그 밖에 ○○○○부장관이 요청하는 사항
      - 보수 : 수임한 소송 및 자문 건별 지급
        (월정고문료는 없음)
2. 지원 자격
3. 지원서 제출
4. 제출 서류
5. 심사방법 및 최종대상자 선정 발표
6. 유의사항

[첨부파일] ○○○○부 고문변호사 지원서

 내가 잘 하는 전문 분야가 있다면 그 분야의 공공기관 홈페이지들을 즐겨찾기 해두고, 주 1회 고문변호사 모집공고를 검색할 때 즐겨찾기 해둔 공공기관의 홈페이지들에 접속해서 모집공고를 직접 찾아보는 방법도 있다. 보통 홈페이지의 공지사항이나 채용정보 게시판에 공고가 업로드된다.

 그 외에도 법률신문, 법률저널, 대한변호사협회, 지방변호사협회 모집 공고 카테고리에서도 모집공고를 확인할 수 있다.

 고문변호사 모집공고는 주로 연말과 연초에 많이 올라오니 주 1회

검색할 상황이 아니면 이때를 노려보는 것도 좋은 방법이다.

 기존에 고문변호사 경력이 없다면 처음엔 위촉이 잘 안되는 경우가 많다. 그래도 포기하지 않고 계속 여러 공공기관 고문변호사에 지원을 하다 보면 한군데 위촉 메일(보통 내가 전문으로 하는 분야의 공공기관일 가능성이 높다)을 받게 된다. 그 이후부터 제출하게 되는 고문변호사 지원서에 그 공공기관의 고문변호사 위촉 경력을 한 줄 채워 넣다 보면 또 위촉 되는 경우가 생길 것이다.

 우리 사무소의 경우에도 2021년도부터 여러 공공기관 고문변호사 모집에 지원을 했는데 2022년도에는 단 한 곳의 고문변호사에 위촉이 되었다. 계속 지원을 해도 위촉되었다는 연락을 못 받으니 힘이 빠지기도 했었는데, 2023년부터 2025년 현재까지 위촉이 더 되고 있는 상황이다.

 고문변호사 지원서는 지원하려는 공공기관의 자문 업무에 맞게 내가 담당하는 분야의 자문 및 소송 수행 내역을 계속 다듬어야 하고, 실제로 나의 경력과 수행 능력도 계속 업그레이드해 나가는 것이 필요하다. 우리 사부소는 강누원 변호사의 2023년 2월 법학박사(국제법) 졸업 이후 국제법 관련 분야를 더 강조해서 지원을 했더니 긍정적인 효과가 있었다. 지원서의 초안 작성은 직원이 담당하더라도 제출하기 전에 지원하는 변호사 본인이 최종적으로 검토를 하여 부족한 부분은 고쳐서 제출해야 한다. 그리고 제출해야 하는 필수 서류와 제출 기한은 잘 지켜야 한다. 서류가 잘 못 제출되었을 경우는 다시 제출하라고 연락을 주는 공공기관도 있다. 제출방법이 등기우편인 경우에는 미리 등기우편을 발송하여 마감일이 지난 후에 도착하는 일이 없게 해야 한다.

고문변호사로 위촉된 공공기관에 직접 방문하는 경우도 한 번씩 생길 수 있으니 사무소의 위치와 고려하여 지원하는 경우도 있다. 그런데 사무소와 위치가 멀어도 내가 전문으로 하는 분야와 관련된 공공기관이면 무조건 지원을 해봐야 한다.

에필로그

박지선

이 책을 쓰게 되면서 기존에 하고 있던 업무들을 되돌아보기도 했고, 마케팅·홍보 분야에 대해 공부도 더 많이 하게 되었습니다. 전문가도 아닌 제가 이 책의 저자에 참여하는 것이 맞는지 책을 쓰는 내내 의구심이 있었습니다.

하지만 이 책은 정답을 알려주는 것이 아닌, 우리 사무소가 직접 해봤던 방법들 중 개업변호사님들께 공유하고 싶은 내용들을 담고 있습니다.

제가 법률사무소에 채용된 후부터 지금까지 여러 서적들을 활용해서 업무에 적용했듯이, 개업변호사님들께 이 책이 참고자료로 채택된다면 좋을 것 같습니다.

마케팅·홍보라는 것이 시대와 상황에 따라 계속해서 변하고 있지만, 과거의 방법들이 현재에는 틀렸다거나 없어져야 하는 것은 아닌 것 같습니다. 각자의 상황에 맞게 조금씩 바꿔서 활용해 보셨으면 좋겠습니다.

앨런 딥의 책 〈린 마케팅〉에서 나온 내용입니다.[50]

'좋은 소식이 하나 있다. 바로 마케팅은 사실 쉽다.'

마케팅·홍보가 익숙하지 않아 어렵게만 생각했던 분들이 이 책으로 사무소 운영에 도움을 받으셨으면 좋겠습니다.

참고문헌

■ 국내문헌

1. 단행본 및 논문

고려진, 『법률소비자의 변호사 선임 요인 양상에 대한 연구』, 연세대학교 석사학위 논문, 2015.

김선태, 『홍보의 신』, 21세기북스, 2024.

김정렬, 『법률서비스 구매자 연결망에 대한 연구 -변호사 선임과정에 대한 분석-』, 고려대학교 석사학위 논문, 2004.

김태민, 『시급 100만원 로스쿨 변호사 되기』, 법률신문사, 2024.

마미영, 이승신, "소비자 비교정보 활용 및 신뢰도에 따른 구매태도", 『소비자문제연구』, 제42호, 2012.

마케팅정의제정위원회, "한국마케팅학회의 마케팅 정의", 『마케팅연구』, 제17권 제2호, 2002.

신수현, 『변호사 선택과정에서의 소비자정보에 관한 연구』, 서울대학교 석사학위 논문, 2011.

신찬휴, 김정교, "감사품질에 미치는 저가수임의 증분적 효과에 관한 연구", 『지역산업연구』, 제43권 제2호, 2020.

안현주외 21인, 『SUPER1인 변호사』, 지혜와 지식, 2020.

이상기, 구자원, "법률서비스 조직의 내부품질이 직원 및 고객의 만족도와 충성도에 미치는 영향: 서비스-수익 체인(S-PC) 모델을 중심으로", 『경영교육연구』 제35권, 제1호, 한국경영교육학회, 2020.

장대성, "한국 변호사 서비스품질 평가에 관한 연구", 『대한경영학회지』, 제19권 제6호, 2006.

홍영석, 『고품격 변호사 마케팅』, 도서출판 지식공감, 2016.

2. 신문기사 등 기타 자료

경북일보, 2017. 1. 31.자 뉴스기사, "[고향&인물] 22. 울릉도".

경향신문, 2021. 1. 16.자 뉴스기사, "플랫폼, 변호사도 삼키나".

뉴스와이어, 홈페이지 게시글, "홍보와 마케팅의 차이"
(https://www.newswire.co.kr/?ed=55).

대구신문, 2022. 12. 11.자 뉴스기사, "품질 경쟁력 시대는 끝…차별성과 필요성을 디자인하라".

동아일보, 1989. 7. 24.자 뉴스기사, "법원 검찰「서초동」시대".

동아일보, 1994. 12. 31.자 뉴스기사, "새해는 근대사법 도입 100년".

머니투데이 2007. 1. 3.자 뉴스기사, "변호사 광고 사실상 전면 허용".

법조신문, 2016. 5. 23.자 뉴스기사, "늘어가는 신규 변호사 … 해답은 어디에?".

브런치 스토리, 2023. 8. 7.자 게시글, "홍보와 마케팅의 차이점을 명확하게 알아야 한다".

서울경제신문, 2019. 1. 15.자 뉴스기사, "[로스쿨 도입 10년, 2019변호사 그들은] 월 광고비로 2,000만원…수임 찾아 포털·SNS '로그인'".

서울신문, 2024. 3. 14.자 뉴스기사, "클릭당 10만원… 변호사 광고비 '출혈 경쟁'".

이코노미조선, 2021. 7. 19.자 뉴스기사, "'커피 한 잔 값에 상담'…月1.26건 수임하는 변호사들".

한국경제, 2015. 7.7.자 뉴스기사, "[Law&Biz] 수임료 낮추고, 착수금도 안받아…로펌 '덤핑 경쟁'".

한국마케팅신문, 2022. 2. 18.자 뉴스기사, "마케팅의 기본은 제품력".

한국일보, 2017. 2. 2.자 뉴스기사, ""울릉도에 유일하게 없던 게 변호사… 그래서 왔죠"".

■ 해외문헌

Ford, Gary T. and Philip G. Kuehl, "The Promotion of Medical and Legal Services: An Experimental Study", in *Contemporary Marketing Thought*, 1977 Educator Proceedings, Barnett A. Greenberg and Danny N. Bellenger, editors, American Marketing Association.

Lang, Larry R. and Ronald B. Marks, "Consumer Response to Advertisements for Legal Services: An Empirical Analysis", *Journal of the Academy of Marketing Science*, Vol. 8, No. 4, 1980.

Legal Services Board, *Consumer Research*, Dec. 2009, (Legal Services Consumer Panel, *Quality in Legal Services*, Nov. 2010, p. 7에서 재인용)

Moses, James, *Evaluation of Law Firm Marketing Practices : A Survey of American Lawyers & Marketing Staff at Major Law Firms*, Primary Research Group Inc., 2016.

Petrini-Poli, Christopher, "LAW FIRMMARKETING: WHAT'S THE ROI?", *GPSOLO*, Vol. 29, No. 3, 2012.

Shimp, Terence and Robert Dyer, "How the Legal Profession Views Legal Service Advertising", *Journal of Marketing*, Vol. 42, Iss. 3, 1978.

Tutschka, Geertje, *Law Firm Development*, DE GRUYTER, 2024.

미주

1) 예를 들어 Gary T. Ford and Philip G. Kuehl, "The Promotion of Medical and Legal Services: An Experimental Study", in *Contemporary Marketing Thought*, 1977 Educator Proceedings, Barnett A. Greenberg and Danny N. Bellenger, editors, American Marketing Association, pp. 39-44; Terence Shimp and Robert Dyer, "How the Legal Profession Views Legal Service Advertising", Journal of Marketing, Vol. 42, Iss. 3, 1978, pp. 73-81; Larry R. Lang and Ronald B. Marks, "Consumer Response to Advertisements for Legal Services: An Empirical Analysis", Journal of the Academy of Marketing Science, Vol. 8, No. 4, 1980, pp. 357-373.

2) *Bates v. State Bar of Arizona*, 433 U.S. 350 (1977)

3) Terence Shimp and Robert Dyer, 앞의 논문, p. 74.

4) 머니투데이, 2007. 1. 3.자 뉴스기사, "변호사 광고 사실상 전면 허용".

5) 아래의 표는 뉴스와이어, 홈페이지 게시글, "홍보와 마케팅의 차이"(https://www.newswire.co.kr/?ed=55)과 브런치 스토리, 2023. 8. 7.자 게시글, "홍보와 마케팅의 차이점을 명확하게 알아야 한다"의 내용을 참조하여 정리한 것이다.

6) 신수현, 『변호사 선택과정에서의 소비자정보에 관한 연구』, 서울대학교 석사학위 논문, 2011, pp. 6-7, p. 11.

7) 신수현, 앞의 글, p. 11.

8) Geertje Tutschka, Law Firm Development, DE GRUYTER, 2024, p. 374.

9) Geertje Tutschka, 앞의 책, p. 381.

10) 김정렬, 『법률서비스 구매자 연결망에 대한 연구 –변호사 선임과정에 대한 분석-』, 고려대학교 석사학위 논문, 2004, p. 38, p. 69.

11) 신수현, 앞의 논문, p. 80.

12) James Moses, 앞의 책, p. 21.

13) Legal Services Board, *Consumer Research*, Dec. 2009, Legal Services Consumer

Panel, *Quality in Legal Services*, Nov. 2010, p. 7에서 재인용.

14) 고려진, 『법률소비자의 변호사 선임 요인 양상에 대한 연구』, 연세대학교 석사학위 논문, 2015, pp. 23-30.

15) 신수현, 앞의 논문, p. 87.

16) 타임차지라는 용어는 영어 time-charge를 의미하는데, 이는 영미권에서는 사용되지 않는 용어이며, 영미권에서는 주로 "charging by the hour", "charging an hourly rate", "hourly billing" 등의 용어가 일시금(flat fee)과 대비되어 사용되는 것으로 보인다.

17) 한국경제, 2015. 7. 7.자 뉴스기사, "[Law&Biz] 수임료 낮추고, 착수금도 안 받아…로펌 '덤핑 경쟁'"; 이코노미조선, 2021. 7. 19.자 뉴스기사, "'커피 한 잔 값에 상담'…月 1.26건 수임하는 변호사들".

18) 신찬휴, 김정교, "감사품질에 미치는 저가수임의 증분적 효과에 관한 연구", 『지역산업연구』, 제43권 제2호, 2020, p. 101.

19) 마케팅정의제정위원회, "한국마케팅학회의 마케팅 정의", 『마케팅연구』, 제17권 제2호, 2002, p. 5.

20) https://www.ama.org/the-definition-of-marketing-what-is-marketing/.

21) 대구신문, 2022. 12. 11.자 뉴스기사, "품질 경쟁력 시대는 끝…차별성과 필요성을 디자인하라", (https://www.idaegu.co.kr/news/articleView.html?idxno=404005); 한국마케팅신문, 2022. 2. 18.자 뉴스기사, "마케팅의 기본은 제품력", (http://www.mknews.kr/view?no=35272).

22) 이상기, 구자원, "법률서비스 조직의 내부품질이 직원 및 고객의 만족도와 충성도에 미치는 영향: 서비스-수익 체인(S-PC) 모델을 중심으로", 『경영교육연구』 제35권, 제1호, 한국경영교육학회, 2020, p. 17.

23) 장대성, "한국 변호사 서비스품질 평가에 관한 연구", 『대한경영학회지』, 제19권 제6호, 2006년, pp. 2601-2602.

24) Legal Services Consumer Panel, 앞의 책, p. 8.

25) 마미영, 이승신, "소비자 비교정보 활용 및 신뢰도에 따른 구매태도", 『소비자문제연구』, 제42호, 2012, p. 58.

26) 신수현, 앞의 논문, p. 60.

27) 김정렬, 앞의 논문, p. 53.

28) 신수현, 앞의 논문, p. 60.

29) 미국 로펌 마케팅 업체인 Attorney Sluice의 웹사이트 참조 (https://attorneysluice.com/blog/legal-marketing-statistics-law-firms-need-to-know/).

30) James Moses, *Evaluation of Law Firm Marketing Practices : A Survey of American Lawyers & Marketing Staff at Major Law Firms*, Primary Research Group Inc., 2016, p. 16.

31) 안현주 외21인, 『SUPER 1인 변호사』, 지혜와 지식, 2020, p. 44.

32) 김태민, 『시급100만원 로스쿨 변호사 되기』, 법률신문사, 2024, p. 72.

33) Geertje Tutschka, 앞의 책, p. 450; 안현주 외21인, 앞의 책, pp. 151-153.

34) 홍영석, 『고품격 변호사 마케팅』, 도서출판 지식공감, 2016, p. 89.

35) 안현주 외21인, 앞의 책, p. 129.

36) 서울경제신문, 2019. 1. 15.자 뉴스기사, "[로스쿨 도입10년, 2019 변호사 그들은] 월 광고비도2,000만원…수임 찾아 포털·SNS '로그인'"; 경향신문, 2021. 1. 16.자 뉴스기사, "플랫폼, 변호사도 삼키나"; 서울신문, 2024. 3. 14.자 뉴스기사, "클릭당10만원… 변호사 광고비'출혈 경쟁'".

37) Christopher Petrini-Poli, "LAW FIRM MARKETING: WHAT'S THE ROI?", GPSOLO, Vol. 29, No. 3, 2012, p. 61.

38) Christopher Petrini-Poli, 앞의 글, p. 60.

39) James Moses, 앞의 책, p. 18.

40) 신수현, 앞의 논문, p. 87.

41) 동아일보, 1989. 7. 24.자 뉴스기사, "법원 검찰「서초동」시대".

42) 동아일보, 1994. 12. 31.자 뉴스기사, "새해는 근대사법 도입 100년".

43) 안현주 외21인, 앞의 책, p. 64.

44) 한국일보, 2017. 2. 2.자 뉴스기사, ""울릉도에 유일하게 없던 게 변호사… 그래서 왔죠"".

45) 법조신문, 2016. 5. 23.자 뉴스기사, "늘어가는 신규 변호사… 해답은 어디에?".

46) 경북일보, 2017. 1. 31.자 뉴스기사, "[고향&인물] 22. 울릉도".

47) 고려진, 앞의 논문, pp. 46-47, pp. 54-55.

48) 안현주 외21인, 앞의 책, p. 71.

49) 김선태, 『홍보의 신』, 21세기북스, 2024, p. 85.

50) 앨런 딥, 『린 마케팅』, 알파미디어, 2024, p. 15